VENEZUELA

INFORMES SOBRE VIOLACIONES GRAVES DE DERECHOS HUMANOS

Iniciativa Democrática de España y las Américas (IDEA) es un foro internacional no gubernamental de exmandatarios demócratas, respetuosos del principio de la alternabilidad durante sus desempeños, patrocinado por la **Fundación IDEA-Democrática.** Desde la sociedad civil y la opinión pública observa y analiza los procesos y experiencias democráticos iberoamericanos, reflexiona sobre las vías y medios que permitan la instalación de la democracia allí donde no existe o su reconstitución donde se ha deteriorado, así como favorecer su defensa y respeto por los gobiernos donde se encuentra radicada.

IDEA busca reforzar la solidaridad iberoamericana e internacional a favor de la democracia, del Estado de Derecho, y de la garantía y tutela efectiva y universal de los derechos humanos. Al efecto diseña y realiza programas y actividades para orientar a las sociedades civiles y políticas de las Américas y España, recomendándoles medidas y soluciones que permitan la modificación de las tendencias que incidan negativamente sobre la citada tríada de la libertad o que sean sus desviaciones. Coopera, en fin, con el fortalecimiento de los elementos esenciales de la misma democracia y los componentes fundamentales de su ejercicio.

Con la firma y presentación de la Declaración de Panamá sobre Venezuela el 9 de abril de 2015, a propósito de la VII Cumbre de las Américas, **IDEA-Democrática** nace, en fin, como iniciativa que alcanzaron a formar 37 ex Jefes de Estado y de Gobierno iberoamericanos.

www.idea-democrática.org

info@ideaiberoamerica.com

VENEZUELA

INFORMES SOBRE VIOLACIONES GRAVES DE DERECHOS HUMANOS

Allan R. Brewer-Carías, Asdrúbal Aguiar
Editores

idea

INICIATIVA DEMOCRÁTICA DE ESPAÑA Y LAS AMÉRICAS

Editorial Jurídica Venezolana International
2019

Editorial Jurídica Venezolana International

Hecho el Depósito de Ley
Depósito Legal: 2019001086
ISBN: 978-980-365-470-2

Editorial Jurídica Venezolana
Avda. Francisco Solano López, Torre Oasis, P.B., Local 4, Sabana Grande,
Apartado 17.598 – Caracas, 1015, Venezuela
Teléfono 762-25-53 / 762-38-42/ Fax. 763-52-39
Email fejv@cantv.net
http://www.editorialjuridicavenezolana.com.ve

Impreso por: Lightning Source, an INGRAM Content company
para Editorial Jurídica Venezolana International Inc.
Panamá, República de Panamá.
Email: ejvinternational@gmail.com

Diagramación, composición y montaje por: Francis Gil, en letra
Time New Roman 13 Interlineado Sencillo, Mancha 11,5 x 18

CONTENIDO

A MANERA DE INTRODUCCIÓN

Por: *Asdrúbal Aguiar*
Secretario General de IDEA

El esperado informe de Michel Bachelet, Alta Comisionada para los DDHH de la ONU, ya es público. Tiene fecha 4 de julio, día de la Independencia de los Estados Unidos.

Atrás la controversia sobre sus primeras declaraciones al concluir su visita a Venezuela. Lo esencial es lo que constata y rechaza el régimen represor de Nicolás Maduro, resintiendo, en su escrito de réplica, que no se hayan agregado sus cosas buenas, que le compensarían.

Lo cierto es que razón tuvo la Comisión Interamericana de Derechos Humanos al adoptar su informe, sustanciado, que adopta el 31 de diciembre de 2017: Se trata de una situación grave "desde hace varios años" y "quienes han buscado actuar para cambiar la crítica situación que vive Venezuela, han encontrado un Estado que reprime", reza. Y no era parcial ni partidario el otro que se elabora bajo la dirección de Luis Almagro, Secretario General de la OEA, de 29 de mayo de 2018, consignado ante la Corte Penal Internacional: "Los actos a los que se ha visto sometida la población civil de Venezuela, que se remontan por lo menos al 12 de febrero de 2014, constituyen crímenes de lesa humanidad", dice.

El informe de la Alta Comisionada se acompaña de seguidas, como también, en sus partes pertinentes, los informes de la OEA y la CIDH antes señalados.

En concreto, Bachelet, en coloquial síntesis nuestra, concluye lo siguiente:

1. Todos los derechos humanos, económicos y sociales, civiles y políticos, han sido violentados; ninguno queda fuera de la mano del represor Maduro.
2. El país se muere de hambre y mengua por las erradas políticas de la última década, bajo el flagelo de la corrupción.
3. No hay medicinas, han migrado los médicos, está destruida la infraestructura sanitaria, reaparecieron enfermedades de vieja data, y el gobierno oculta los datos.
4. Después de dos décadas de programas sociales para conjurar a la pobreza, todos los venezolanos dependen hoy de los programas sociales que administra, con criterio de exclusión política, el partido oficial.
5. Las sanciones internacionales no son la causa, están dirigidas contra 150 funcionarios gubernamentales narcos y corruptos, y la crisis terminal del país las precede, más allá de que puedan agravarla.
6. Hay una hegemonía comunicacional de Estado y a los periodistas se les encarcela para silenciarlos.
7. Se han erosionado el Estado de Derecho y desmantelado las instituciones democráticas, tanto como se reprime selectivamente y criminaliza a la disidencia.

8. El Estado está militarizado, colectivos armados y populares ejercen el espionaje popular, y hay ejecuciones extrajudiciales ante la mirada indiferente del Ministerio Público y la Defensoría del Pueblo, que hacen mutis ante los crímenes de estos.

9. Se hace apología gubernamental de la violencia contra la oposición y los mismos disidentes del oficialismo, sometiéndoseles a tribunales militares, incluida la violencia sexual contra sus familiares.

10. Las protestas suman 22.430 entre 2018 y 2019, han sido reprimidas desproporcionadamente por la fuerza militar y los colectivos armados, con saldo de 80 muertos.

11. Las desapariciones forzadas de personas, las torturas, la violencia sexual en las sedes del SEBIN y la DGCIM, son el patrón de las detenciones arbitrarias, encontrándose privados de libertad por motivos políticos 793 personas y 8.598 liberadas condicionalmente, obligadas al exilio.

12. "Escuadrones de la muerte" y "grupos de exterminio" hacen razzia en las zonas más pobres, con violencia que incluye la sexual, para causar miedo en la población, facilitar el control social, y alcanzando a 9.650 las víctimas de tales "Operaciones de Liberación del Pueblo".

13. Las comunidades indígenas del sur de Venezuela y en la frontera con Colombia son víctimas de la represión militar y la acción de bandas criminales organizadas y "grupos armados" (ELN, FARC) asociados para la explotación indiscriminada de minerales en Bolívar y Amazonas, en lo particular, en el Arco Minero del Orinoco, desapareciendo todo símbolo de soberanía; siendo asesinados y maltratados indígenas wayuu y

pemones, impidiéndoseles la ayuda humanitaria fronteriza y huyendo hacia Brasil casi un millar de éstos, que denuncian la existencia de "fosas comunes".

14. Llegan a 4 millones los venezolanos que han emigrado por las violaciones generalizadas, sistemáticas, selectivas de sus derechos humanos, en condiciones de precariedad económica y de salud, "caminantes" víctimas de la explotación laboral y la trata de personas, sin documentos de identidad o vencidos.

El represor Maduro y sus cómplices, en respuesta, han suspendido las garantías constitucionales y alegan razones de seguridad nacional, legislando por decreto para arredrar hasta el límite todo sentido de respeto por la dignidad humana. Las violaciones, según Bachelet, hacen "multitud… por motivos políticos", con lo que describe la comisión de crímenes de lesa humanidad.

La Alta Comisionada, siguiéndose por las reglas de la normalidad, espera que el represor criminal "adopte las medidas necesarias", enmendándose y corrigiendo sus desviaciones, más propias de enfermos mentales extraños a toda idea de misericordia.

El informe es lapidario, concluyente. Debería elevarlo ante la Corte Penal Internacional para frenar el sufrimiento indecible de los venezolanos, honrando la memoria de los torturados muertos –Oscar Pérez y Fernando Albán (2018), Capitán Rafael Acosta (2019)– y al joven Rufo Chacón, cuyos ojos desgarran los perdigones del mal absoluto; exigiéndole a aquella, a la Corte, sí, que salga de su letargo actual y procure justicia oportuna, para que sea justa y reparadora.

EL INFORME BACHELET: DESAHUCIO AL RÉGIMEN

Por: *Allan R. Brewer-Carías*

Profesor emérito,
Universidad Central de Venezuela

El *Informe Bachelet*, de 4 de julio de 2019, tuvo por objeto mostrar una "visión general de la situación de los derechos humanos" en Venezuela de enero de 2018 a mayo de 2019,[1] destacando lo que denominó: "*patrones de violaciones que afectan directa e indirectamente a todos los derechos humanos: civiles, políticos, económicos, sociales y culturales*" (§ 2);

---

1 Véase "Informe de la Alta Comisionada de las Naciones Unidas para los Derechos Humanos sobre la situación de los derechos humanos en la República Bolivariana de Venezuela," 4 de julio de 2019, en https://www.ohchr.org/EN/HRBodies/HRC/RegularSessions/Session41/Documents/A_HRC_41_18_SP.docx. Los "comentarios del Estado" ("Comentarios sobre errores de hecho del Informe de la Alta Comisionada de Naciones Unidas para los derechos humanos sobre la situación de derechos humanos de la República Bolivariana de Venezuela"), pueden consultarse en: https://www.ohchr.org/EN/HRBodies/HRC/RegularSessions/Session41/Documents/A_HRC_41_18_Add.1.docx.

es decir, todos los derechos de los venezolanos, afectando además a toda la población.

En sí mismo, el *Informe* constituye un desahucio al régimen: es decir, una notificación formal de que debe desalojar el poder en Venezuela y pronto, es más, "de inmediato."

A tal efecto, el *Informe* explica y documenta concienzudamente, una vez evaluada "la credibilidad y la fiabilidad de todas las fuentes y contrastada la información recopilada para confirmar su validez" (§ 8), todas esas violaciones. Pone en evidencia no sólo un cuadro de horror intolerable, que afecta todos los ángulos de la dignidad humana, sino lo más importante, que *el único culpable y responsable de ello es el régimen de Estado totalitario que existe*, que ha estado conducido por un gobierno que actúa como una especie de "manada" irresponsable y maligna; que asaltó el poder a partir de 1999 para destruir, aniquilar y perseguir todo lo que podía existir de instituciones y valores en el país, y para someter a sus designios una población inerme, asegurándose con una burocracia amorfa e incompetente, y con toda una suerte de grupos criminales, poder seguir controlando todos los hilos del poder para provecho propio.

Por eso, después de la lectura del *Informe*, la única conclusión que puede sacarse, interpretado adecuadamente, es que aparte de evidenciar a grandes rasgos el horror que vive el país, lo que por lo demás, constituyen "hechos comunicacionales," de todos conocidos, y que por tanto no requieren de mayor prueba, lo que plantea sobre todo en sus recomendaciones son una serie de medidas que solo podrían aplicarse e implementarse por otro gobierno, no por el que causó todos los espantos denunciados. Se requiere de un gobierno democrático, democráticamente electo, y funcionando conforme a los parámetros de un Estado de derecho.

Es decir, las recomendaciones que formula, y lo sabe la Sra. Bachelet, simplemente son de aplicación imposible por parte del régimen que gobierna Venezuela desde 1999; razón por la cual debe interpretarse su denuncia autorizada sobre las violaciones sistemáticas a todos los derechos humanos en el país, como "un mensaje directo" al régimen depredador, de que debe desalojar el poder, que "tiene que irse, que debe cesar la usurpación y restablecerse el orden democrático. Y nada más."[2]

Ese es, en mi criterio, la forma como debemos apreciar el *Informe*, para que no sea un informe más de los tantos que se han formulado en materia de violaciones a los derechos humanos, en tantos países, y podamos seguir los venezolanos y los gobiernos democráticos que han venido apoyando el proceso de transición hacia la democracia conducida por la Asamblea Nacional, en la tarea de hacer cesar la usurpación y poder restablecer el Estado de derecho y los mecanismos de protección a los derechos humanos en el país.

I. EL RECONOCIMIENTO POR LA ALTA COMISIONADA DEL PROCESO DESMANTELAMIENTO DE LAS INSTITUCIONES DEMOCRÁTICAS

El *Informe* en efecto, constata, como lo hemos denunciado desde 1999, que el régimen ha desmantelado todas las instituciones democráticas, y eliminado toda idea de separación de poderes, habiendo desaparecido del funcionamiento del Estado toda forma de control sobre el mismo; de lo que se deriva que en Venezuela lo que existe es un Estado incontrolado manejado por un grupo irresponsable de gobernantes y de vocación opresora.

---

2 Tweet, 6 de julio de 2019.

1. *La desaparición de la separación de poderes*

El *Informe*, en efecto, da cuenta cómo:

"Durante al menos una década, el Gobierno, así como las instituciones controladas por el Gobierno han aplicado leyes y políticas que han acelerado la *erosión del Estado de derecho y el desmantelamiento de las instituciones democráticas*, incluyendo la Asamblea Nacional (§ 30).

Sobre la Asamblea Nacional, el *Informe Bachelet* fue enfático en afirmar, en nota al pie de página (26), que "La Asamblea Nacional Constituyente, [...] establecida en agosto de 2017 tras un proceso electoral carente de inclusión política y viciado de irregularidades," [...] asumió *de facto* las responsabilidades constitucionales de la Asamblea Nacional."

El *Informe,* además, destaca en otra nota al pie de página (23):

"La Lista *Tascón* fue uno de los primeros indicadores de la discriminación y persecución por motivos políticos. La lista, una base de datos de más de tres millones de personas venezolanas que en 2003-2004 apoyaron la organización un referéndum para revocar el mandato del entonces Presidente Hugo Chávez, fue utilizada para despedir masivamente a funcionarios/as públicos/as" (§ 30).

"Estas medidas tienen como objetivo neutralizar, reprimir y criminalizar a opositores/as políticas y críticas al Gobierno (§ 30).

"Esta tendencia se ha aumentado desde 2016, después de que la oposición ganara la mayoría de los escaños de la Asamblea Nacional, lo cual llevó a un *incremento de la represión selectiva de la oposición política y a una restricción incesante del de por sí limitado espacio democrático*" (§ 30).

2. *La ausencia de Justicia: la desaparición de un Poder Judicial confiable y de su autonomía e independencia*

En ese marco, en particular, respecto de las violaciones masivas a los derechos humanos denunciados en el *Informe*, que resulta imposible poder controlar por la erosión total de las instituciones del Estado llamados a ello, en el mismo se analiza, en particular, la grave situación de la justicia y de los demás órganos de control del Estado.

A. *Falta de autonomía e independencia*

Sobre la situación del Poder Judicial, de la justicia y del derecho ciudadano de acceso a la misma, en el *Informe* se afirma lo siguiente:

> "Durante más de un decenio, Venezuela ha adoptado e implementado una serie de leyes, políticas y prácticas que han *restringido el espacio democrático, debilitado las* instituciones *públicas y menoscabado la independencia del poder judicial*" (§ 76).

> "La *falta de independencia y la corrupción en el poder judicial* son también obstáculos importantes a los que se enfrentan las víctimas en su búsqueda de justicia y reparación" (§ 56).

La justicia así, además de ser inocua para la protección de los derechos humanos, ha sido el instrumento por excelencia para perseguir la disidencia, como lo destaca el *Informe*, al mencionar que:

> "En 2019, la Corte Suprema de Justicia ha levantado la inmunidad parlamentaria a 22 diputados de la Asamblea Nacional, entre ellos el Presidente de la Asamblea Nacional. Muchos de ellos han sido acusados de traición, conspiración, instigación a la insurrección, rebelión civil" (§ 37).

B. *Violación de las garantías judiciales y desaparición del derecho de acceso a la justicia y a la protección judicial*

El *Informe* señala que el "Gobierno ha reconocido que existe un problema de acceso a la justicia para todas las personas," (§ 53), dando cuenta de que las personas que por ejemplo han reclamado por las que "murieron durante las protestas masivas de 2017 siguen enfrentando obstáculos generalizados a sus derechos a la verdad, a la justicia y a la reparación" (§ 55).

Indicando, además, que:

"La mayoría de las víctimas de las violaciones de los derechos humanos señaladas en el presente *Informe* no han tenido un acceso efectivo a la justicia y a una reparación adecuada" (§ 43).

"Según las y los entrevistadas/os, pocas personas presentan denuncias por miedo a represalias y por falta de confianza en el sistema de justicia. Cuando lo hacen, las autoridades no investigan o no llevan a cabo investigaciones prontas, efectivas, exhaustivas, independientes, imparciales y transparentes" (§ 54).

"las autoridades judiciales han invertido la carga de la prueba al rechazar abrir investigaciones a menos que las víctimas identificaran a los responsables" (§ 43).

C. *La situación global de impunidad*

La ausencia de justicia y de acceso a la misma genera la situación global de impunidad que caracteriza la situación en el país, sobre lo cual el *Informe* indica que:

"El Estado ha denegado sistemáticamente los derechos de las víctimas de violaciones de los derechos humanos a la verdad, la justicia y la reparación. La impunidad ha permitido que se repitan las violaciones de los derechos humanos, ha envalentonado a los autores, y ha dejado de lado a las víctimas" (§ 80).

"Siguen existiendo factores de impunidad identificados en 2018, entre ellos la falta de cooperación de las fuerzas de seguridad y de las fuerzas armadas con las investigaciones, la manipulación de la escena del crimen y de las pruebas por parte de las fuerzas de seguridad, las demoras indebidas en las actuaciones judiciales, la elevada rotación de los/as fiscales y los/as jueces/juezas, así como la inmunidad de facto de oficiales superiores" (§ 56).

3. *La desaparición de las otras funciones de control y de la autonomía e independencia de los órganos del Poder Ciudadano*

El desmantelamiento de las instituciones democráticas y del principio de la separación de poderes, antes mencionado, no sólo ha afectado al Poder Legislativo y a quien debe ejercerlo que es la Asamblea Nacional, sino que en materia de protección de derechos humanos ha afectado también a los órganos del Poder Ciudadano, sobre las cuales en el *Informe* se expresa que:

> "Las instituciones responsables de la protección de los derechos humanos, tales como la Fiscalía General, los/as jueces/juezas y la Defensoría del Pueblo, generalmente *no llevan a cabo investigaciones prontas, efectivas, exhaustivas, independientes, imparciales y transparentes* sobre violaciones de derechos humanos y otros crímenes cometidos por actores estatales, *no llevan a las personas responsables ante la justicia, ni protegen a personas víctimas y testigos*. Dicha *inacción contribuye a la impunidad y a la repetición* de las violaciones" (§ 33).

"Las autoridades *no han investigado con prontitud, efectividad, exhaustividad, independencia, imparcialidad y transparencia las denuncias creíbles de torturas y malos tratos, incluyendo casos de violencia sexual y de género, no han puesto a los presuntos responsables a disposición de la justicia*" (§ 43).

"El Ministerio Público *ha incumplido con regularidad su obligación de investigar y llevar a juicio a las personas responsables* de los hechos y el Defensor del Pueblo *ha guardado silencio ante las violaciones de los derechos humanos*" (§ 57).

"Ninguna de esas instituciones, así como tampoco el Gobierno o la policía dan protección a las víctimas y testigos de violaciones a los derechos humanos" (§ 57).

"Además, el Fiscal General *ha participado de una retórica pública de estigmatización y desacreditación de la oposición y de quienes critican al Gobierno, violando así el principio de presunción de inocencia*" (§ 57).

4. *Recomendaciones:*

Entre las Recomendaciones, sobre toda esta situación de destrucción de las instituciones democráticas y de eliminación del principio de la separación de poderes, el *Informe* hace un llamado al régimen, "para que de manera inmediata:"

"(j) Adopte medidas efectivas para restablecer la independencia del sistema judicial y garantizar la imparcialidad de la Fiscalía General y del Defensor del Pueblo."

Es evidente que para poder implementar esta recomendación es indispensable desalojar a los asaltantes del poder, y establecer en el país un régimen democrático, funcionando en un Estado de derecho, que es el único que puede permitir restablecer la independencia y autonomía de todos los poderes públicos.

II. EL RÉGIMEN Y EL ESTADO COMO RESPONSABLES DE LA VIOLACIÓN MASIVA DE LOS DERECHOS ECONÓMICOS Y SOCIALES

En ese estado de desmantelamiento de los principios e instituciones democráticas, el Estado incontrolado, manejado por una burocracia insaciable, es el responsable directo por acción, error u omisión de las violaciones a los derechos sociales, particularmente al derecho a la alimentación y al derecho a la salud, a lo cual el *Informe* dedica sus primeras observaciones, indicando que:

> "El ACNUDH considera que existen motivos razonables para creer que se han cometido graves violaciones de los derechos económicos y sociales, incluidos los derechos a la alimentación y la salud, en Venezuela" (§ 75).

El *Informe,* además, reconoció que "El Gobierno se negó a reconocer la magnitud de la crisis hasta hace poco y no adoptó las medidas apropiadas" (75); destacando que "El Gobierno ha atribuido la culpa de la crisis económica a las sanciones impuestas a Venezuela" (§ 26).

Sobre ello, el *Informe* fue enfático al precisar que "La economía venezolana, especialmente su industria petrolera y los sistemas de producción de alimentos, ya estaban en crisis antes de que se impusiera cualquier sanción sectorial" (§ 27), si bien reconoció que "Las recientes sanciones económicas están agravando la crisis económica" (§ 75).

Lo cierto, en todo caso, es que la crisis y la violación masiva de los derechos fundamentales a la alimentación y a la salud se debió a la política o a la ausencia de política gubernamental, sobre lo cual el *Informe* destacó que:

> "El *desvío de recursos, la corrupción y la falta de mantenimiento en la infraestructura pública, así como la sub-*

inversión, han tenido como resultado violaciones al derecho a un nivel adecuado de vida, entre otros, debido al deterioro de servicios básicos como el transporte público y el acceso a electricidad, agua y gas natural" (§ 12).

1. *Sobre la violación del derecho a la alimentación y de la obligación del Estado de que la población no padezca de hambre.*

En particular, en cuanto a las "violaciones al derecho a la alimentación, *incluida la obligación del Estado para garantizar que la población no padezca hambre*" (§ 13), en el v se destaca específicamente que:

"El Gobierno no ha demostrado que ha utilizado todos los recursos disponibles para garantizar la realización progresiva del derecho a la alimentación, ni tampoco que hubiere buscado, sin éxito, asistencia internacional para abordar dichas deficiencias (§ 13).

"las políticas económicas y sociales adoptadas durante la última década han debilitado los sistemas de producción y distribución de alimentos, aumentando la cantidad de personas que dependen de programas de asistencia alimentaria" (§ 15).

"La falta de acceso a alimentos tiene un impacto especialmente adverso en las mujeres ... Fuentes locales reportaron algunos casos de mujeres que se vieron forzadas a intercambiar comida por sexo" (§ 14).

2. *Sobre la violación del derecho a la salud*

Como se da cuenta en el *Informe*, "En cuanto al derecho a la salud en Venezuela, la situación es grave" (17), siendo las:

"Violaciones al derecho a la salud [...] resultado del *incumplimiento del Gobierno de sus obligaciones funda-*

mentales, las cuales son irrenunciables, aún por motivos económicos" (§ 20).

"Las violaciones de las obligaciones fundamentales estuvieron vinculadas a *una falta generalizada de disponibilidad de y acceso a fármacos y tratamientos esenciales, al deterioro de las condiciones en hospitales, clínicas y maternidades, a la falta de factores subyacentes determinantes de la salud,* incluyendo agua y nutrición adecuada, al deterioro en la inmunización y salud preventiva y a las restricciones en el acceso a la salud sexual y reproductiva" (§ 20).

En materia de salud, además, como lo destaca el *Informe:* "Los apagones han causado daños irreparables, como se revela en *reportes* que indican que 40 pacientes murieron como resultado del apagón de marzo de 2019" (§ 19).

El *Informe* agrega que:

"También se producen violaciones al derecho a la salud por el hecho de que *el Gobierno no publique datos sobre la salud pública, que son esenciales para la concepción y puesta en práctica de una respuesta adecuada* a la actual crisis sanitaria que padece el país" (§ 20).

Todo ello ha provocado, según se constata en el *Informe*, no sólo "éxodo de doctores/as y personal de enfermería, (§ 16), sino "graves carencias en la atención médica básica y de medicamentos" y del 60 al 100 por ciento de fármacos" (§ 16), al punto que "los pacientes tienen que suministrar todos los productos de primera necesidad" (§ 16), con la consecuencia de que muchas "personas murieron debido a la falta de insumos en hospitales" (§ 19); sino que "enfermedades que anteriormente estaban controladas y habían sido erradicadas, entre ellas enfermedades evitables con vacunas como sarampión y difteria, han reaparecido" (§ 17).

A lo anterior se agrega el "riesgo de contraer el VIH y otras enfermedades de transmisión sexual, así como la tasa de embarazos no deseados y de embarazos en adolescentes" (§ 18); y el aumento de la "mortalidad materna" por la "falta de personal cualificado para atender el parto, la falta de suministros médicos y las condiciones en los hospitales, lo cual ha llevado a muchas mujeres a salir del país para dar a luz" (§ 18).

3. *Sobre la discriminación política impuesta en los programas de alimentación y salud*

La destrucción generalizada de las instituciones en el país, progresivamente provocó que las "Misiones Bolivarianas, como "programas destinados a luchar contra la pobreza y la exclusión social" (§ 22), fueran paulatinamente convirtiéndose en instrumentos de dominación, ya que como lo destaca el *Informe*, "los venezolanos/as dependen cada vez más de los programas sociales para acceder a niveles mínimos de ingresos y alimentos" (§ 22).

Ello implicó, entre otras consecuencias graves, que, como lo destacó el *Informe*:

> "Conforme se agudizaba la crisis económica, las autoridades empezaron a utilizar los programas sociales de forma discriminatoria, por motivos políticos, y como instrumento de control social" (§ 75).

De ello da amplia cuenta el *Informe*, refiriéndose por ejemplo, a los "Comités Locales de Abastecimiento y Producción (CLAP)" y a los "Consejos Comunales" las cuales "junto con las fuerzas militares y de seguridad" tienen la misión de "distribuir asistencia alimentaria," pero que no llegaba a muchas "personas quienes, a pesar de no contar con acceso suficiente a alimentos, no fueron incluidas en las listas de distribución de las cajas CLAP *porque no eran partidarias del Gobierno*" (§ 22).

Similar referencia se hace en el *Informe* respecto del programa "Carnet de la Patria" indicándose que se trata de:

> "una tarjeta mediante la cual todos los programas serían a partir de ahora entregados, incluyendo el nuevo sistema de transferencias directas de dinero a las familias. La lista de personas beneficiarias de estos programas *es manejada por las estructuras locales del partido oficial, en vez de por las instituciones gubernamentales*. Las personas entrevistadas reportaron que las/los integrantes de estas estructuras locales *monitorean la actividad política de las personas beneficiarias"* (§ 23).

En particular, en el *Informe* se hace un amplio análisis del impacto discriminatorio de los programas sociales gubernamentales en relación con las mujeres, indicando que las mismas, si bien en su "mayoría cargan con el cuidado de la casa y de la familia, son el principal grupo beneficiado por los programas de salud, vivienda y alimentación" (§ 24), constituyendo además, según información suministrada por el gobierno, "el 72 por ciento de la membresía de los Consejos Comunales," (§ 24), sin embargo:

> "la discriminación con base en motivos políticos y el control social mediante los carnets tiene un impacto diferenciado en la habilidad de las mujeres para hacer valer sus derechos" (§ 24).

El *Informe* da cuenta de cómo en casos en los cuales mujeres, incluso "lideresas locales, quienes han sido señaladas por su activismo," al haber participado "en marchas anti-gubernamentales," fueron:

> "amenazadas por otros líderes y lideresas comunitarios/as y por grupos armados civiles pro-gubernamentales (los llamados "colectivos armados"), y excluidas de los programas sociales. Las mujeres reportaron que en ocasio-

nes preferían no exigir sus derechos, incluido el derecho a pronunciarse en contra del Gobierno, por miedo a represalias" (§ 24).

4. *Una de las consecuencias de la violación de los derechos económicos y sociales: el éxodo de los venezolanos*

En el *Informe* se concluye que las violaciones a los "derechos a la alimentación y la salud son los factores principales" (§ 70), de que:

> "El número de personas que se han visto obligadas a dejar Venezuela ha aumentado dramáticamente desde 2018, alcanzando más de 4 millones para el 6 de junio de 2019 (https://r4v.info/en/situations/platform)" (§ 69).

Entre los factores que han motivado dicho éxodo, en el *Informe* se enumeran el hecho de que "muchas personas buscan protección de su derecho a vivir con dignidad" (§ 70); "Otros factores son la violencia y la inseguridad, el colapso de los servicios básicos y el deterioro del sistema de educación," (§ 70), otro factor es la "falta de acceso a atención de salud prenatal y postnatal y la insuficiencia de mecanismos de protección frente a la violencia doméstica" (§ 70); y en fin, "La persecución por motivos políticos también está obligando a muchos/as venezolanos/as" (§ 70).

Destaca además, el *Informe*, que:

> "Las violaciones de los derechos económicos y sociales que impulsan la migración también afectan a las condiciones en que las personas dejan el país, la manera como se desplazan y las situaciones de vulnerabilidad que afrontan durante la migración" (§ 71).

5. *Recomendaciones:*

Entre las Recomendaciones del *Informe*, sobre todas estas violaciones a los derechos económicos y sociales, el mismo hace un llamado al régimen, "para que de manera inmediata:"

"(a) Adopte todas las medidas necesarias para garantizar la disponibilidad y la accesibilidad de alimentos, agua, medicamentos esenciales y servicios de atención de la salud, incluidos programas amplios de atención de la salud preventiva, prestando especial atención a los servicios maternos e infantiles, incluida la atención de la salud sexual y reproductiva."

Y además, hace un llamado al régimen para que:

"b) Asigne la máxima cantidad posible de recursos disponibles a la realización gradual de los derechos económicos y sociales de una manera transparente y responsable que permita evaluar los gastos;

(c) Autorice el libre acceso a la información de interés público;

d) Garantice que todos los programas sociales se implementen de manera transparente, no politizada y no discriminatoria, con la aplicación de medidas eficaces de supervisión y rendición de cuentas;

(e) Aumente la cobertura de la vacunación contra enfermedades evitables y adopte medidas adecuadas para controlar los brotes de enfermedades transmisibles;

(f) Dé prioridad a las medidas para disminuir los embarazos precoces y cuide que todos los planes relativos a los derechos sexuales y reproductivos contengan indicadores mensurables y un mecanismo de seguimiento."

Por supuesto, para poder implementar estas recomendaciones es indispensable desalojar a los asaltantes del poder, y establecer en el país un régimen democrático, funcionando en un Estado de derecho, que es el único que puede imponer un cambio en la política económica y social con el propósito de garantizar el goce de los derechos humanos.

III. EL RÉGIMEN Y EL ESTADO COMO RESPONSABLE DE LA VIOLACIÓN MASIVA DE LOS DERECHOS CIVILES Y POLÍTICOS

En el estado de desmantelamiento de los principios e instituciones democráticas del que da cuenta el *Informe*, el mismo Estado incontrolado, manejado por la misma burocracia insaciable y corrupta, es también el responsable directo por acción, error u omisión de las violaciones a los derechos civiles y políticos, particularmente al derecho a la libertad de expresión, a la seguridad y libertad individuales, a las que el *Informe* dedica sus segundas observaciones.

1. *Sobre las violaciones a la libertad de opinión y expresión*

En relación con la libertad de opinión y expresión, el *Informe Bachelet*, explica cómo durante los últimos años:

> "el Gobierno ha tratado de imponer una hegemonía comunicacional imponiendo su propia versión de los hechos y creando un ambiente que restringe los medios de comunicación independientes" (§ 28).

Como lo destacó el *Informe*, "esta situación ha continuado empeorando en 2018-2019 (§ 28), dando cuenta de que:

> "Han tenido que cerrar docenas de medios impresos y el Gobierno clausuró emisoras de radio e hizo que dejaran de emitir canales de televisión" (§ 28).

Aumentaron las detenciones de periodistas, incluyendo de periodistas extranjeros quienes fueron expulsados o dejaron el país inmediatamente después de su liberación. Actualmente hay centenares de periodistas venezolanos/as exiliados/as" (§ 28).

Ante esta situación generalizada, además de constatar que la misma ha conducido a "detenciones arbitrarias de personas por expresar opiniones en redes sociales" (§ 29), el *Informe* observa que:

"Internet y las redes sociales se han convertido en los principales medios de comunicación e información de la población, limitando aún más el acceso a la información independiente de las personas que no tienen acceso a internet" (§ 28).

Sin embargo, frente a ello, lo cierto es que según el *Informe*:

"La velocidad de la internet está disminuyendo paulatinamente, incluyendo por la falta de inversión en infraestructura" (§ 28).

"Asimismo, en los años recientes, el Gobierno ha bloqueado sitios web de noticias independientes y ha bloqueado regularmente las principales redes sociales" (§ 28).

2. *Sobre las violaciones a libertad y seguridad personales, la represión selectiva y la persecución por motivos políticos*

A. *El instrumento para las violaciones: el desarrollo masivo de cuerpos y medidas de seguridad*

Las masivas violaciones a los derechos civiles y políticos que se detallan en el *Informe*, y que muestran un cuadro de verdadero horror, ha sido posible por el desarrollo deliberado, como política represiva del Estado, de un marco de instituciones y medidas de seguridad destinadas a reprimir cualquier disidencia.

El *Informe* destaca, que además de haber mantenido desde 2016 "'estado de excepción', que desde entonces ha sido renovado cada 60 días", el gobierno:

> "activó el Plan Zamora, un plan de seguridad estratégico cívico-militar para la operación conjunta de las fuerzas armadas, milicias y civiles" (§ 31).
>
> "Estas políticas implican un aumento de la militarización de las instituciones del Estado (§ 31).
>
> "Asimismo, extienden la utilización de la población en tareas de inteligencia y defensa, por medio de estructuras locales tales como los Consejos Comunales, las Unidades de Batalla Bolívar y Chávez (UBChs), los Comités Locales de Abastecimiento y Producción (CLAP) y las Redes de Articulación y Acción Sociopolítica (RAAS)" (§ 31).

El *Informe* también destacó cómo:

> "Las medidas se han adoptado con la finalidad declarada de preservar el orden público y la seguridad nacional contra presuntas amenazas internas y externas, han aumentado la militarización de las instituciones del Estado y el empleo de la población civil en tareas de inteligencia y defensa" (§ 75).

En cuanto al aparato de seguridad estructurado por el gobierno, como lo describe el *Informe*, incluye:

> "a la Guardia Nacional Bolivariana (GNB) (parte de las Fuerzas Armadas), a la Policía Nacional Bolivariana (PNB) y a sus Fuerzas de Acciones Especiales (FAES), al Cuerpo de Investigaciones Científicas, Penales y Criminalísticas

(CICPC), al Servicio Bolivariano de Inteligencia Nacional (SEBIN) y a la Dirección General de Contrainteligencia Militar (DGCIM)."

En relación con dichos cuerpos, el *Informe* detalla en cuanto a la Guardia Nacional Bolivariana (GNB) (parte de las Fuerzas Armadas) y a la Policía Nacional Bolivariana (PNB), que las mismas:

> "han sido responsables del uso excesivo de la fuerza en manifestaciones al menos desde 2014" (§ 32).

En cuanto a las Fuerzas de Acciones Especiales (FAES), y al Cuerpo de Investigaciones Científicas, Penales y Criminalísticas (CICPC), el *Informe* destaca que habiendo sido:

> "una unidad de respuesta rápida creada en 2017 para combatir el crimen organizado, han sido presuntamente responsables de numerosas ejecuciones extrajudiciales en operaciones de seguridad, al igual que el CICPC" (§ 32).

En cuanto al Servicio Bolivariano de Inteligencia Nacional (SEBIN) y a la Dirección General de Contrainteligencia Militar (DGCIM)." el *Informe* indica que:

> "han sido responsables de detenciones arbitrarias, maltratos y tortura de opositores/as políticos/as y de sus familiares" (§ 32).

Y por último, en cuanto a los "colectivos armados" el *Informe* destaca que:

> "contribuyen a este sistema ejerciendo control social en las comunidades locales, y apoyando a las fuerzas de seguridad en la represión de manifestaciones y de la disidencia" (§ 32).

B. *La política persecutoria contra la oposición y la disidencia*

Una de las conclusiones del *Informe*, es que todo este aparataje "ha permitido al Gobierno cometer numerosas violaciones de los derechos humanos" refiriéndose en particular a que:

> "Las autoridades han atacado especialmente a determinadas personas y grupos, entre ellos a miembros de la oposición política y a quienes se considera que constituyen amenazas para el Gobierno por su capacidad para articular posiciones críticas y movilizar a otras personas. Esta represión selectiva se manifiesta en una multitud de violaciones de los derechos humanos, que pueden constituir persecución por motivos políticos (§ 77).

Por ello, el *Informe* da cuenta que el desarrollo y utilización de los cuerpos de seguridad para perseguir y reprimir:

> "van acompañadas de una retórica pública, utilizada también por autoridades de alto rango, que desacredita y ataca de manera constante a quienes critican al Gobierno o se oponen a él" (§ 34).
>
> La oposición política, los/as activistas de derechos humanos y los/as periodistas, entre otros/as, son con frecuencia blanco de discursos que los tildan de "traidores" y "agentes desestabilizadores" (§ 34).
>
> "Los medios de comunicación progubernamentales difunden ampliamente esta retórica, por ejemplo, a través del programa televisivo semanal "Con el mazo dando," presentado por el Presidente de la Asamblea Nacional Constituyente (ANC)" (§ 34).

Adicionalmente, destaca el *Informe* que:

> "leyes y reformas legislativas han facilitado la criminalización de la oposición y de cualquier persona crítica al

Gobierno mediante disposiciones vagas, aumentos de sanciones por hechos que están garantizados por el derecho a la libertad de reunión pacífica, el uso de la jurisdicción militar para personas civiles, y restricciones a ONGs para representar a víctimas de violaciones" (§ 35).

C. *La política persecutoria contra trabajadores, empleados, funcionarios y disidentes y sus familiares por razones políticas*

En relación con persecuciones en materia laboral, por razones políticas, en el *Informe* se dio cuenta de que:

"En 2018-2019, se despidió y detuvo arbitrariamente a varios dirigentes sindicales y a muchos/as trabajadores/as que habían protestado en demanda de salarios y condiciones de trabajo decentes" (§ 36)

Decenas de profesionales de la salud que protestaron por el estado en que se encontraba la atención de salud en el país fueron despedidos/as y/o amenazados (§ 36).

"Al personal universitario crítico al Gobierno se le amenazó con el impago de los salarios, se le impidió el acceso a sus centros de trabajo y viajar al extranjero y fue detenido arbitrariamente" (§ 36)

"Los/as defensores/as de los derechos humanos fueron víctimas de campañas de difamación en los medios de comunicación progubernamentales, y sometidos/as a vigilancia, intimidación, hostigamiento, amenazas y detención arbitraria" (§ 36).

"También se atacó a disidentes chavistas, a militares disidentes y a funcionarios" (§ 36).

Respecto de las mujeres disidentes el *Informe* indica que:

> "han sufrido ataques en función de su género mediante comentarios sexistas, violencia de género en línea y humillaciones públicas" (§ 36).

En general se constató que:

> "La represión selectiva contra miembros de la oposición y líderes sociales infunde miedo al mostrar las consecuencias que puede acarrear el oponerse o meramente criticar al Gobierno o el expresar disentimiento" (§ 36).

Respecto de los familiares de perseguidos, el *Informe* indicó que "Los ataques contra familiares de opositores/as políticos/as son parte de la represión selectiva" (§ 38); habiendo documentado "un número creciente de detenciones arbitrarias de familiares, particularmente de mujeres, de presuntos opositores políticos" (§ 36).

3. *Represión al derecho a manifestar y la violación al derecho a la seguridad personal y a la vida*

El *Informe* hace especial énfasis en la represión que ha tenido lugar en contra del derecho político a manifestar, donde la característica ha sido el uso excesivo de la fuerza y muertes en las manifestaciones contra el Gobierno que han quedado impunes.

El *Informe*, en efecto constató que en ciertas protestas políticas o manifestaciones contra el Gobierno que "aumentaron en número e intensidad a partir de 2014" las fuerzas de seguridad:

> "la GNB, la PNB, las FAES y algunas policías estatales y municipales presuntamente hicieron un uso excesivo de la fuerza de manera deliberada, con la finalidad de infundir miedo y desalentar futuras manifestaciones" (§ 39).

A ello se sumó que:

> "Colectivos armados también recurrieron a la violencia contra manifestantes, a menudo en coordinación con las fuerzas de seguridad. En muchos casos, estas acciones produjeron muertes y heridas graves" (§ 39).

En general, se indicó en el *Informe*, que "Las fuerzas de seguridad llevaron a cabo allanamientos ilegales de domicilios en contra de manifestantes" (§ 40), detuvieron a muchas personas "por motivos políticos" "en el contexto de las manifestaciones," (§ 41), y además, en relación específica con las mujeres manifestantes, las mismas "fueron detenidas arbitrariamente, así como maltratadas o torturadas" (§ 40).

4. *La violación al derecho a la integridad personal: detenciones arbitrarias, desapariciones forzadas, torturas y malos tratos*

En el *Informe* se hizo especial insistencia en las privaciones arbitrarias de libertad de centenas de personas, por razones políticas, destacando que:

> "el Gobierno ha utilizado las *detenciones arbitrarias* como uno de los principales instrumentos para intimidar y reprimir a la oposición política y cualquier expresión de disensión, real o presunta, al menos desde 2014" (§ 41).

Destacando que:

> "En la mayoría de los casos las detenciones se llevaron a cabo en respuesta a que las personas estaban ejerciendo sus derechos humanos, en particular la libertad de opinión, expresión, asociación y reunión pacífica" (§ 42).

El *Informe* también se refirió a los casos de:

> "…*desapariciones forzadas* hasta que las autoridades revelaron el paradero de las personas detenidas, días o semanas después de sus detenciones" (§ 43).

El *Informe* se refirió, además, en relación a las detenciones por razones políticas, que

> "detenciones de un número significativo de personas privadas de libertad no cumplen las reglas internacionales mínimas sobre tratamiento humano de los/as reclusos/as y constituyen a menudo malos tratos" (§ 45).
>
> "En general, los centros de detención, especialmente centros de detención preventiva, están a menudo superpoblados y son insalubres" (§ 45).
>
> "Las personas detenidas tienen acceso limitado a la alimentación, agua, saneamiento, luz solar e instalaciones de recreación. Su acceso a la asistencia sanitaria básica es restringida e incluso denegada" (§ 45).

Otro aspecto destacado en el *Informe* se refiere a la tortura y tratos crueles a los detenidos, indicándose que:

> "En la mayoría de estos casos, se sometió a las mujeres y los hombres *detenidos a una o más formas de tortura o trato o pena cruel, inhumana o* degradante, *como la aplicación de corriente eléctrica, asfixia con bolsas de plástico, simulacros de ahogamiento, palizas, violencias sexuales, privación de agua y comida, posturas forzadas y exposición a temperaturas extremas*" (§ 43).
>
> "Las fuerzas de seguridad y los servicios de inteligencia, especialmente el SEBIN y la DGCIM, recurrieron de manera habitual a esas medidas para extraer información y confesiones, intimidar y sancionar a las personas detenidas (§ 43).

En particular en relación con las mujeres, el *Informe* destaca:

"casos de violencia sexual y de género contra mujeres y niñas durante su detención, en particular por efectivos del SEBIN y de la DGCIM así como por oficiales de la GNB (§ 44).

"agresiones físicas tales como arrastrarlas por el pelo y tocamientos inapropiados, amenazas de violación, desnudez forzada e insultos sexistas y de género, con la finalidad de humillarlas y castigarlas, así como para extraerles confesiones" (§ 44).

5. *Las operaciones de seguridad, el uso excesivo de la fuerza y el desprecio a la vida*

El *Informe* al referirse a las operaciones de seguridad, califica a las "FAES como un "escuadrón de la muerte" o un "grupo de exterminio" (§ 47), siendo considerada por "informes de ONGs," como las "responsables de centenares de muertes violentas" (§ 47).

Para cometer los abusos y atropellos, de los testimonios recibidos, el *Informe* identificó el "modus operandi" similar, utilizado por las FAES, así:

"Las FAES llegarían en camionetas negras sin placas de matrícula y bloquearían los puntos de acceso en la zona. Vestían de negro, sin ninguna identificación personal, con pasamontañas cubriendo sus rostros. También llevarían armas largas" (§ 48).

Con esa forma de proceder, destaca el *Informe*, las FAES:

"irrumpieron en sus hogares, se apoderaron de sus pertenencias y ejercieron violencia de género contra las mujeres y las niñas, incluyendo la desnudez forzada" (§48).

"Las FAES separarían a los hombres jóvenes de otros miembros de la familia antes de dispararles. Según sus familiares, casi todas las víctimas habían recibido uno o más disparos en el tórax (§48).

6. *El encubrimiento como política de Estado*

Sobre la actuación de las FAES, en esos operativos, el *Informe* destaca:

"cómo las FAES manipularon la escena del crimen y las pruebas. Habrían plantado armas y drogas y habrían disparado sus armas contra las paredes o en el aire para insinuar un enfrentamiento y demostrar que la víctima se habría "resistido a la autoridad" (§ 49).

"En muchos casos, las FAES llevaron a las víctimas al hospital, aunque éstas ya estaban muertas, aparentemente con el propósito de manipular los cuerpos y modificar la escena del crimen" (§ 49).

"Las autoridades clasifican las muertes violentas resultantes de las operaciones de seguridad como "resistencia a la autoridad" (§ 50).

"La información analizada por el ACNUDH indica que muchas de esas muertes violentas pueden constituir ejecuciones extrajudiciales" (§ 50).

El *Informe* destaca el caso de:

"hombres jóvenes ejecutados por las FAES en represalia por su papel en las protestas antigubernamentales en 2019" (§ 52); y que:

> "Estas ejecuciones extrajudiciales tuvieron lugar durante allanamientos ilegales de domicilios después de las manifestaciones y siguieron el mismo modus operandi descrito anteriormente" (§ 52).

Por todo ello, en las conclusiones del *Informe* se indicó que:

> "Miles de personas, principalmente hombres jóvenes, han sido matadas en supuestos enfrentamientos con fuerzas estatales en los últimos años" (§ 78).
>
> "Existen motivos razonables para creer que muchas de esas muertes constituyen ejecuciones extrajudiciales perpetradas por las fuerzas de seguridad, en particular las FAES" (§ 78).
>
> Al ACNUDH le preocupa que las autoridades puedan estar utilizando a las FAES, y posiblemente a otras fuerzas de seguridad, como parte de una política de control social" (§ 78).

7. ***Recomendaciones:***

Entre las Recomendaciones del *Informe*, sobre todas estas violaciones a los derechos civiles y políticos, el mismo hace un llamado al régimen, "para que de manera inmediata:"

"(b) Adopte de inmediato medidas para cesar, subsanar y prevenir las violaciones de los derechos humanos, en particular las violaciones graves, como la tortura y las ejecuciones extrajudiciales.

(c) Lleve a cabo investigaciones prontas, efectivas, exhaustivas, independientes, imparciales y transparentes de las violaciones de los derechos humanos, incluidas las muertes de indígenas, y lleve a los responsables ante la justicia;

(d) Ponga en libertad a todas las personas privadas arbitrariamente de su libertad;

(e) Detenga, condene públicamente, castigue y prevenga todos los actos de persecución y represión selectiva por motivos políticos, incluidas la retórica estigmatizadora y las campañas de desprestigio;

(f) Adopte medidas efectivas para proteger a las personas defensoras de los derechos humanos y a las personas profesionales de los medios de comunicación;

(g) Cese toda intimidación y ataques contra los pueblos indígenas, incluidos/as sus líderes y lideresas, y garantice su protección y adopte todas las medidas necesarias para proteger sus derechos individuales y colectivos, incluido su derecho a la tierra;

(h) Detenga y prevenga el uso excesivo de la fuerza durante las manifestaciones;

(i) Disuelva las FAES y establezca un mecanismo nacional imparcial e independiente, con apoyo de la comunidad internacional, para investigar las ejecuciones extrajudiciales llevadas a cabo en el curso de operaciones de seguridad, asegurar que sus responsables rindan cuentas, así como que las víctimas sean reparadas;

(k) Garantice el derecho de las víctimas a interponer recursos y obtener reparaciones con un enfoque sensible al género, así como su protección contra la intimidación y las represalias.

Y además que:

"(g) Revoque las clausuras de medios de comunicación y ponga fin a otras medidas de censura contra los medios de comunicación; garantice el acceso a Internet y a las redes sociales, incluidos los sitios web de noticias, y la imparcialidad de los órganos oficiales en la asignación de las frecuencias del espectro radioeléctrico;

(h) Desarme y desmantele a los grupos armados civiles progubernamentales (los llamados "colectivos armados") y garantice la investigación de sus delitos;

(i) Proteja a las personas, incluidas las que están migrando, frente a abusos, corrupción y extorsiones por parte de agentes del Estado."

Por supuesto, para poder implementar estas recomendaciones es igualmente indispensable desalojar a los asaltantes del poder, y establecer en el país un régimen democrático, funcionando en un Estado de derecho, que es el único que puede garantizar el goce de los derechos humanos.

IV. EL RÉGIMEN Y EL ESTADO COMO RESPONSABLES DE LA VIOLACIÓN DE LOS DERECHOS DE LOS PUEBLOS INDÍGENAS

La situación general de los derechos humanos reseñada en el *Informe*, según su propio texto, "en particular, "ha perjudicado desproporcionadamente los derechos económicos y sociales de muchos pueblos indígenas" (§ 61).

Sobre ello, en el *Informe* se detalla, que:

"Hay violaciones de los derechos colectivos de los pueblos indígenas a sus tierras, territorios y recursos tradicionales: (§ 62) que:

"Han perdido el control de sus tierras, incluso debido a la militarización por parte de los agentes del Estado. Su presencia ha provocado violencia e inseguridad en sus territorios en los últimos años, a lo que se suma la presencia de bandas criminales organizadas y grupos armados" (§ 62).

En particular se hace referencia a los efectos nocivos que ha tenido:

"la extracción de minerales, especialmente en los estados Amazonas y Bolívar, incluyendo la región del Arco Minero del Orinoco, [que] ha dado lugar a violaciones de diversos derechos colectivos, entre otros los derechos a mantener costumbres, modos de vida tradicionales y una relación espiritual con su tierra" (§ 63).

"La minería también provoca graves daños ambientales y en la salud, como el aumento del paludismo y la contaminación de las vías fluviales" (§ 63).

En particular, en el *Informe* se hace referencia a "las comunidades Pemón que se oponen al Gobierno (64), detallándose que:

"El 22 febrero, unos soldados abrieron fuego contra miembros de la comunidad pemón de Kumaracapay, a tres de los cuales mataron y a 12 hirieron" § (66).

Entre las Recomendaciones del *Informe*, sobre todas estas violaciones a los derechos de os pueblos indígenas, especial énfasis se pudo en la muerte de indígenas por las fuerzas de seguridad, haciendo un llamado al régimen, "para que de manera inmediata:"

"(c) Lleve a cabo investigaciones prontas, efectivas, exhaustivas, independientes, imparciales y transparentes de las violaciones de los derechos humanos, incluidas las muertes de indígenas, y lleve a los responsables ante la justicia."

De nuevo, y por supuesto, para poder implementar estas recomendaciones es igualmente indispensable desalojar a los asaltantes del poder, y establecer en el país un régimen democrático, funcionando en un Estado de derecho, que es el único que puede garantizar el goce de los derechos humanos.

APRECIACIÓN FINAL

Como señalamos al inicio, después del cuadro de horror expuesto por la Alta Comisionada de las naciones Unidas en materia de Derechos Humanos, Michel Bachelet, luego de haber visitado a Venezuela entre el 20 y 22 de junio de 2019, al hacer en sus "Recomendaciones" un "*llamamiento al Gobierno de Venezuela para que de manera inmediata*" haga cesar todas las acciones y omisiones de los órganos del mismo que son las que han provocado, durante lustros, las horrendas violaciones a los derechos humanos sintetizadas en el *Informe*, no puede entenderse en otra forma que no sea una conminación a que ese abandone el poder.

Todas Recomendaciones formuladas en el Informe, y ello lo sabe la Sra. Bachelet, solo podrían ejecutarse e implementarse por un gobierno democrático, actuando en un todo sometido a un Estado de derecho; razón por la cual, al no ser el régimen actual un gobierno democrático, las recomendaciones son un llamamiento al Gobierno a que se aparte del poder "de manera inmediata" y pueda producirse la transición a la democracia y el cese de la usurpación, y la realización de elecciones libres, que es lo único que puede garantizar la implementación de las recomendaciones del *Informe*.

Y para constatarlo, basta con mencionar que mientras la misma Sra. Bachelet se encontraba en Caracas, precisamente el día 21 de junio de 2019, mientras se reunía, como lo indicó en el *Informe*, con "el Presidente Nicolás Maduro, el Vicepresidente, el Ministro de Relaciones Exteriores y altos cargos de 17 ministerios (Incluidos los ministerios para Relaciones Interiores, Defensa, Salud, Economía, y Educación)" (§4), funcionarios del Servicio Bolivariano de Inteligencia y de la Dirección General de Contrainteligencia Militar, en esos mismos momentos estaban deteniendo en un café de Caracas, junto con otros oficiales, al Capitán de fragata de la Armada venezolana Rafael Acosta Arévalo,[3] quien solo unos días después de con-

---

3 Véase el reportaje de Sandra Guerrero, "El cadáver del capitán Acosta Arévalo lleva ocho días en la morgue," en *El Nacional*, 6 de julio

cluir su visita y antes de presentar su *Informe*, el 29 de junio, habría muerto a consecuencia de torturas recibidas.[4] La última vez que se lo vio vivo, un día antes, fue en una silla de ruedas presentado ante un juez, donde lo único que pudo articular fue un llamado de "auxilio" a su abogado.[5]

Mayor burla a lo que sería una de las recomendaciones del *Informe Bachelet* (que el Gobierno: "Adopte de inmediato medidas para cesar, subsanar y prevenir las violaciones de los derechos humanos, en particular las violaciones graves, como la tortura y las ejecuciones extrajudiciales"), es ciertamente imposible concebir.

Igualmente, días antes de que la Sra. Bachelet presentara su Informe, en una brutal represión conducida por miembros de la Policía Nacional Bolivariana (PNB contra una manifestación pacífica de vecinos que reclamaban por ausencia de servicios de

---

de 2019, en http://www.el-nacional.com/noticias/sucesos/cadaver-del-capitan-acosta-arevalo-lleva-ocho-dias-morgue_287620.

4 Véase el reportaje: "Venezuela: Denuncian que militar detenido fue torturado hasta morir. El capitán de corbeta Rafael Acosta Arévalo estaba detenido desde la semana pasada. La fiscalía de Venezuela lo investigaba por un supuesto plan para derrocar y asesinar a Nicolás Maduro. La activista Tamara Suju denunció que fue torturado hasta morir," en *El Comercio*, 29 de junio de 2019, en: https://elcomercio.pe/mundo/venezuela/venezuela-rafael-acosta-arevalo-capitan-corbeta-murio-torturado-agentes-direccion-general-contrainteligencia-militar-dgcim-denuncia-tamara-suju-noticia-650701.

5 Véase el reportaje: "Comunidad internacional pide investigación por muerte de Rafael Acosta Arévalo por presuntas torturas," en *CNN Español*, 3 Julio, 2019, en https://cnnespanol.cnn.com/2019/07/03/-comunidad-internacional-pide-investigacion-muerte-por-presuntas-torturas-contra-militar-venezolano/.

gas doméstico en el Estado Táchira, un joven adolescente recibió un disparo de perdigones a "quemarropa" que lo dejó ciego.[6]

Igualmente, mayor burla a lo que sería una de las recomendaciones del *Informe Bachelet* (que el Gobierno, de inmediato: "Detenga y prevenga el uso excesivo de la fuerza durante las manifestaciones;"), también es, ciertamente, imposible concebir.

Como lo apreció Mary Anastasia O'Brady: "Los hallazgos puestos del conocimiento de la ONU, testimonian lo que grupos humanitarios han estado denunciando desde hace años: que Venezuela es un pozo de brutalidad patrocinado por el Estado;"[7] de manera que solo cambiando el régimen que comanda ese Estado, es que dicho pozo podrá ser a limpiado y desinfectado.

New York, 8 de julio de 2019

---

6 Véase el reportaje: "La brutal represión de Maduro dejó ciego a un adolescente de 16 años. Rufo Chacón había ido a reclamar por la falta de gas junto con su madre en el estado de Táchira cuando le dispararon directamente al rostro. Lo van a operar, pero los médicos ya confirmaron que no podrá volver a ver." En *Infoae*, 2 de julio de 2019, en https://www.infobae.com/america/venezuela/2019/07/02/un-adolescente-de-16-anos-perdio-sus-ojos-por-la-brutal-represion-del-regimen-de-nicolas-maduro-durante-una-protesta-en-venezuela/.

7 "The findings put into the U.N. record what the humanitarian groups have been documenting for years: Venezuela is a pit of state-sponsored brutality." Véase Mary Anastasia O'Brady, "Life and Death in Caracas," en *The Wall Street Journal*, New York, 8 de julio de 2019, p. A15.

INFORME DE MICHELLE BACHELET, ALTA COMISIONADA DE LAS NACIONES UNIDAS PARA LOS DERECHOS HUMANOS, SOBRE LA SITUACIÓN DE LOS DERECHOS HUMANOS EN VENEZUELA (A/ HRC/41/18)

4 de julio de 2019

Consejo de Derechos Humanos
41° período de sesiones
24 de junio–12 de julio de 2019
Tema 2 de la agenda

Resumen

Este informe, que se presenta en cumplimiento de la resolución 39/1 del Consejo de Derechos Humanos, ofrece una visión general de la situación de los derechos humanos en la República Bolivariana de Venezuela de enero de 2018 a mayo de 2019.

I. INTRODUCCIÓN

1. En su resolución 39/1, el Consejo de Derechos Humanos solicitó a la Alta Comisionada para los Derechos Humanos que preparara "un informe exhaustivo por escrito sobre la si-

tuación de los derechos humanos en la República Bolivariana de Venezuela" (Venezuela) y se lo presentara en su 41° período de sesiones[1].

2. Este informe se centra en la situación de los derechos humanos en Venezuela desde 2018, analizando también desarrollos pertinentes que tuvieron lugar con anterioridad. Destaca patrones de violaciones que afectan directa e indirectamente a todos los derechos humanos: civiles, políticos, económicos, sociales y culturales. El informe incluye un enfoque de género, poniendo de relieve las experiencias específicas de las mujeres y las niñas.

3. El informe se basa en la información recopilada y analizada por la Oficina de la Alta Comisionada de las Naciones Unidas para los Derechos Humanos (el ACNUDH), inclusive durante misiones. El ACNUDH efectuó una visita a Venezuela del 11 al 22 de marzo de 2019, durante la cual se reunió con una amplia variedad de partes interesadas, incluyendo actores estatales, en Caracas, Barquisimeto, Valencia y Ciudad Guayana. Además, entre septiembre de 2018 y abril de 2019, el ACNUDH llevó a cabo nueve visitas para entrevistar a personas refugiadas y migrantes venezolanos en la Argentina, el Brasil, Chile, Colombia, Ecuador, España, México y Perú. El ACNUDH agradece a los respectivos Gobiernos el haber facilitado esas visitas.

4. La Alta Comisionada visitó Venezuela del 19 al 21 de junio de 2019. Se reunió con muchas contrapartes, incluido el Presidente Nicolás Maduro, el Vicepresidente, el Ministro de Relaciones Exteriores, altos cargos de 17 ministerios[2], el Presidente de la Asamblea Nacional y diputados/as de la oposi-

---

1 A/HRC/RES/39/1.

2 Incluidos los ministerios para Relaciones Interiores, Defensa, Salud, Economía, y Educación.

ción. Asimismo, se reunió con el Presidente de la Asamblea Nacional Constituyente, el Fiscal General, el Presidente del Tribunal Supremo de Justicia y el Defensor del Pueblo. Sostuvo reuniones con representantes de la Iglesia Católica, el sector empresarial, universidades, estudiantes, sindicatos, organizaciones de derechos humanos, aproximadamente 200 víctimas, la comunidad diplomática y el equipo de la Organización de las Naciones Unidas en el país.

5. Además de aceptar una presencia del ACNUDH, el Gobierno realizó varios compromisos e identifico áreas de cooperación. El ACNUDH apoyara la evaluación de los principales obstáculos respecto al acceso a la justicia y de la Comisión Nacional de Prevención de la Tortura y otros Tratos Crueles, Inhumanos o Degradantes. El Gobierno también aceptó otorgar al ACNUDH acceso pleno a los centros de detención para monitorear las condiciones de detención y hablar con las personas detenidas. El Gobierno adoptará un calendario de diez visitas de los Procedimientos Especiales en los próximos dos años. En seis meses, el ACNUDH y el Gobierno evaluarán la posibilidad de aumentar la presencia del ACNUDH y establecer una oficina de país.

6. El ACNUDH mantuvo 558 entrevistas con personas víctimas, testigos y otras fuentes, incluyendo abogados y abogadas, profesionales de la salud y de los medios de comunicación, defensores y defensoras de los derechos humanos, y ex militares y oficiales de seguridad[3]. Además, celebró 159 reuniones con una amplia variedad de partes interesadas, incluyendo actores estatales[4]. Según su metodología, el ACNUDH solicitó el consentimiento informado de las fuentes entrevista-

---

3 460 entrevistas fueron realizadas en la Argentina, el Brasil, Chile, Colombia, Ecuador, España, México, y Perú, y 98 de manera remota.

4 En la Argentina, el Brasil, Chile, Colombia, Ecuador, España, México, Perú, Suiza, y Venezuela.

das para emplear las informaciones facilitadas y, cuando procedía, les garantizó confidencialidad. Adoptó todas las precauciones posibles para proteger las identidades de las fuentes, y observa que muchas de estas manifestaron su temor a represalias.

7. El informe también refleja el análisis de numerosos documentos que el ACNUDH reunió y examinó, incluyendo documentos oficiales del Gobierno, informes de fuentes abiertas, legislación y documentación jurídica, informes médicos y forenses, contenidos de medios de comunicación (incluyendo de las redes sociales), videos, y fotografías. El ACNUDH remite a la información y a los datos oficiales siempre que es posible, pero nota que el acceso a dicho material es limitado, ya que las publicaciones oficiales, incluso estadísticas, han sido escasas e inexistentes en algunos ámbitos, por lo menos desde 2015.

8. En consonancia con su metodología para el monitoreo de los derechos humanos, el ACNUDH actuó con la debida diligencia para evaluar la credibilidad y la fiabilidad de todas las fuentes y contrastó la información recopilada para confirmar su validez. El ACNUDH consiguió reunir, analizar y verificar un volumen considerable de informaciones que aportan motivos razonables para creer que los patrones que se describen en el informe constituyen violaciones de los derechos humanos.

9. El ACNUDH evaluó la información recopilada a la luz de la legislación internacional en materia de derechos humanos aplicable en Venezuela y de las leyes nacionales pertinentes. Además, el ACNUDH tuvo presentes instrumentos normativos relevantes reconocidos como complementarios de las normas internacionales.

II. LOS DERECHOS ECONÓMICOS Y SOCIALES

10. La crisis económica y social se agudizó considerablemente entre 2018 y 2019. A medida que la economía seguía contrayéndose, la inflación se disparó y los ingresos públicos disminuyeron a raíz de una drástica reducción en las exportaciones de petróleo. La población venezolana está afrontando muy diversas e interrelacionadas violaciones de sus derechos económicos y sociales.

11. A pesar de que el Gobierno ha decretado varios aumentos en el salario mínimo, su poder adquisitivo ha disminuido hasta el punto de que ya no se lo puede considerar como un salario de subsistencia. En abril de 2019, el salario mínimo, que ascendía al equivalente de unos siete dólares estadounidenses al mes, cubría únicamente el 4,7 por ciento de la canasta básica de alimentos[5]. Pese a algunos subsidios generales del Gobierno, las personas entrevistadas por el ACNUDH manifestaron su preocupación respecto de que los ingresos mensuales de sus familias eran insuficientes para cubrir sus necesidades básicas y que solo daban para adquirir aproximadamente cuatro días de comida por mes.

12. El desvío de recursos, la corrupción y la falta de mantenimiento en la infraestructura pública, así como la subinversión, han tenido como resultado violaciones al derecho a un nivel adecuado de vida, entre otros, debido al deterioro de servicios básicos como el transporte público y el acceso a electricidad, agua y gas natural. A partir de septiembre de 2018, miembros del Gobierno empezaron a hablar de las consecuencias de la crisis económica y a reconocer ciertos aspectos de la situación humanitaria, principalmente respecto de la escasez

---

5 Centro de Documentación y Análisis para los Trabajadores, http://cenda.org.ve/default.asp.

de la alimentación y de los medicamentos[6]. El Gobierno afirmó que destina 75 por ciento de presupuesto anual a la inversión en el área social.

A. *El derecho a la alimentación*

13. Información verificada por el ACNUDH confirma violaciones al derecho a la alimentación, incluida la obligación del Estado para garantizar que la población no padezca hambre. El principal programa de asistencia alimentaria, conocido como "cajas CLAP", no cubre las necesidades nutricionales que son elementales para la gente. El Gobierno no ha demostrado que ha utilizado todos los recursos disponibles para garantizar la realización progresiva del derecho a la alimentación, ni tampoco que hubiere buscado, sin éxito, asistencia internacional para abordar dichas deficiencias. En los últimos meses, el Gobierno ha solicitado y aceptado ayuda, aunque ha sido insuficiente para cubrir las necesidades de la población.

14. Las personas entrevistadas constantemente refirieron una falta de acceso a alimentos, debido tanto a la escasez como a los precios inasequibles. La disponibilidad de suficiente comida de calidad es deficiente, y los entrevistados dijeron que comían una vez, o como mucho dos veces, al día y que consumían pocas proteínas o vitaminas. La falta de acceso a alimentos tiene un impacto especialmente adverso en las mujeres que son las principales encargadas y/o las jefas de familia, quienes se ven obligadas a dedicar un promedio de 10 horas al día a hacer filas para obtener comida. Fuentes locales reportaron algunos casos de mujeres que se vieron forzadas a intercambiar comida por sexo.

---

6 Información proporcionada por el Gobierno.

15. Además de la hiperinflación y la contracción de la economía, las políticas económicas y sociales adoptadas durante la última década han debilitado los sistemas de producción y distribución de alimentos, aumentando la cantidad de personas que dependen de programas de asistencia alimentaria. El Fondo de las Naciones Unidas para la Alimentación y la Agricultura reportó que 3.7 millones de venezolanos/as se encuentran en estado de desnutrición y la ONG Caritas confirmó particularmente altos niveles de desnutrición entre niños/as y mujeres embarazadas[7].

B. *El derecho a la salud*

16. En cuanto al derecho a la salud en Venezuela, la situación es grave. Las personas entrevistadas describieron consistentemente una infraestructura de la atención a la salud que lleva años deteriorándose y que se caracteriza por el éxodo de doctores/as y personal de enfermería, así como por graves carencias en la atención médica básica y de medicamentos. Las familias de los/as pacientes tienen que suministrar todos los productos de primera necesidad, entre otros, agua, guantes y jeringuillas. Se ha informado de carencias del 60 al 100 por ciento de fármacos esenciales en cuatro de las principales ciudades de Venezuela, incluyendo Caracas[8].

---

7 FAO, "Panorama de la Seguridad Alimentaria y Nutricional en América Latina y el Caribe", 2018; Caritas Venezuela, "Monitoreo de la Situacion Nutricional en Niños Menores de 5 años", Boletines de Abril-Julio 2018, Julio-Septiembre 2018 y Octubre-Diciembre 2018.

8 Red Venezolana de Gente Positiva, www.mavidcarabobo.org.ve; Federación Farmacéutica Venezolana, http://fefarven.org.ve/portal/; CONVITE X La Salud, "Monitoreo del Acceso a la Salud en Venezuela", Boletín N° 20, marzo de 2019.

17. Asimismo, enfermedades que anteriormente estaban controladas y habían sido erradicadas, entre ellas enfermedades evitables con vacunas como sarampión y difteria, han reaparecido. En el último año, con el apoyo de la Organización Panamericana de la Salud, las autoridades han implementado una serie de estrategias de vacunación con el fin de parar la propagación del sarampión[9]. Las autoridades informaron de que durante junio de 2019 no hubo nuevos casos de sarampión.

18. Hay falta de acceso a todos los tipos de anticonceptivos, con algunas ciudades enfrentando una escasez del 100 por ciento[10]. Ello aumenta el riesgo de contraer el VIH y otras enfermedades de transmisión sexual, así como la tasa de embarazos no deseados y de embarazos en adolescentes. La tasa de embarazos en adolescentes ha incrementado en un 65 por ciento desde 2015[11]. Esto impacta el derecho de las niñas a la educación, ya que los embarazos son el motivo principal de la deserción escolar entre las adolescentes. Ante una legislación restrictiva en materia de aborto, a menudo las mujeres recurren a abortos inseguros. Ello ha contribuido a un aumento en la mortalidad materna evitable, con un estimado 20 por ciento de los fallecimientos maternos aparentemente relacionados con

---

9 OPS, "Venezuela intensifica su campaña de vacunación contra el sarampión y la difteria", 10 de marzo de 2019, www.paho.org.

10 Magdymar León Torrealba, "Índice de escasez de métodos anticonceptivos en farmacias de cinco ciudades de Venezuela", diciembre 2018; ver: CONVITE X La Salud, "Monitoreo del Acceso a la Salud en Venezuela", Boletín N° 20, marzo de 2019.

11 Información proporcionada por UNFPA; ver: www.unfpa.org/maternal-health

abortos realizados en condiciones no seguras[12]. Otras causas principales de mortalidad materna son la falta de personal cualificado para atender el parto, la falta de suministros médicos y las condiciones en los hospitales, lo cual ha llevado a muchas mujeres a salir del país para dar a luz.

19. La Encuesta Nacional de Hospitales (2019) constató que, entre noviembre 2018 y febrero 2019, 1,557 personas murieron debido a la falta de insumos en hospitales[13]. Los apagones han causado daños irreparables, como se revela en reportes que indican que 40 pacientes murieron como resultado del apagón de marzo de 2019[14]. Durante la visita de la Alta Comisionada, profesionales de la salud y padres y madres de niños/as enfermos/as mencionaron el impacto de las sanciones económicas en el sector de la salud, particularmente las posibilidades de recibir tratamiento médico urgente fuera del país, incluyendo trasplantes.

20. Violaciones al derecho a la salud son resultado del incumplimiento del Gobierno de sus obligaciones fundamentales, las cuales son irrenunciables, aún por motivos económicos. Las violaciones de las obligaciones fundamentales estuvieron vinculadas a una falta generalizada de disponibilidad de y acceso a fármacos y tratamientos esenciales, al deterioro de las condiciones en hospitales, clínicas y maternidades, a la falta de factores subyacentes determinantes de la salud, incluyen-

---

12 www.unfpa.org/maternal-health. Ver también: AVESA et al., "Salud sexual y reproductiva de mujeres, adolescentes y niñas en Venezuela", 2018, página 34.

13 Médicos por la Salud, "Encuesta Nacional de Hospitales 2019", www.encuestanacionaldehospitales.com.

14 Entrevista con fuente realizada el 10 de mayo de 2019; CONVITE X La Salud, "Monitoreo del Acceso a la Salud en Venezuela", Boletín N° 20, marzo de 2019.

do agua y nutrición adecuada, al deterioro en la inmunización y salud preventiva y a las restricciones en el acceso a la salud sexual y reproductiva. También se producen violaciones al derecho a la salud por el hecho de que el Gobierno no publique datos sobre la salud pública, que son esenciales para la concepción y puesta en práctica de una respuesta adecuada a la actual crisis sanitaria que padece el país.

C. *Programas y políticas sociales*

21. Durante dos décadas, el Gobierno promovió políticas sociales a través de las "Misiones Bolivarianas", las cuales eran programas destinados a luchar contra la pobreza y la exclusión social, así como a reducir la brecha de desigualdad de género. Hoy en día, las y los venezolanos/as dependen cada vez más de los programas sociales para acceder a niveles mínimos de ingresos y alimentos.

22. El 13 de mayo de 2016, el Gobierno declaró un "estado de excepción y emergencia económica"[15] y creó los Comités Locales de Abastecimiento y Producción (CLAP) como parte de la estructura local de los Consejos Comunales[16]. Estas estructuras, junto con las fuerzas militares y de seguridad, tienen el mandato de distribuir asistencia alimentaria, conocida como cajas CLAP, las cuales, según el Gobierno, llegan a 6 millones de hogares. El ACNUDH recibió información de personas quienes, a pesar de no contar con acceso suficiente a alimentos, no fueron incluidas en las listas de distribución de las cajas CLAP porque no eran partidarias del Gobierno.

---

15 Decreto presidencial No. 2323.

16 Los Consejos Comunales fueron creados en 2006 para que el pueblo pudiera gestionar directamente políticas públicas y proyectos sociales.

23. Adicionalmente, a finales de 2016, el Presidente anunció la creación del "Carnet de la Patria" ("carnet"), una tarjeta mediante la cual todos los programas serían a partir de ahora entregados, incluyendo el nuevo sistema de transferencias directas de dinero a las familias. La lista de personas beneficiarias de estos programas es manejada por las estructuras locales del partido oficial, en vez de por las instituciones gubernamentales. Las personas entrevistadas reportaron que las/los integrantes de estas estructuras locales monitorean la actividad política de las personas beneficiarias.

24. Las mujeres, quienes en su mayoría cargan con el cuidado de la casa y de la familia, son el principal grupo beneficiado por los programas de salud, vivienda y alimentación. Ellas también constituyen el 72 por ciento de la membresía de los Consejos Comunales[17]. No obstante, la discriminación con base en motivos políticos y el control social mediante los carnets tiene un impacto diferenciado en la habilidad de las mujeres para hacer valer sus derechos. En 2018 y 2019, las mujeres lideraron muchas de las protestas locales y pacíficas, exigiendo acceso a bienes y servicios básicos. Asimismo, participaron en marchas anti-gubernamentales. El ACNUDH recabó testimonios de mujeres, incluyendo de lideresas locales, quienes han sido señaladas por su activismo, amenazadas por otros líderes y lideresas comunitarios/as y por grupos armados civiles pro-gubernamentales (los llamados "colectivos armados"), y excluidas de los programas sociales. Las mujeres reportaron que en ocasiones preferían no exigir sus derechos, incluido el derecho a pronunciarse en contra del Gobierno, por miedo a represalias.

---

17 Información proporcionada por el Gobierno.

D. *Medidas coercitivas unilaterales*

25. La gran mayoría de las sanciones que han sido impuestas a la fecha por varios Estados y una organización regional son de naturaleza selectiva y consisten en prohibiciones de viaje y congelación de activos dirigidas a unas 150 personas, incluyendo a altos funcionarios de Gobierno, o embargos de armas[18]. Hasta la fecha un país ha impuesto sanciones sectoriales más amplias a partir del 29 de agosto de 2017[19]. El 28 de enero de 2019, sanciones fueron impuestas a la empresa petrolera de propiedad estatal, PDVSA, también bloqueando bienes y participación en bienes de sus subsidiarias dentro de la jurisdicción estadounidense[20].

26. El Gobierno ha atribuido la culpa de la crisis económica a las sanciones impuestas a Venezuela, argumentando que, debido al "over-compliance", las transacciones bancarias han sido retrasadas o rechazadas y los activos congelados, lo cual dificulta la habilidad del Estado para importar alimentos y medicinas.

27. La economía venezolana, especialmente su industria petrolera y los sistemas de producción de alimentos, ya estaban en crisis antes de que se impusiera cualquier sanción sectorial. Las cifras publicadas por el Banco Central de Venezuela el 28 de mayo de 2019 muestran que los indicadores económicos fundamentales empezaron a degradarse drásticamente mu-

---

18 Canadá, Colombia, Estados Unidos de América, México, Panamá, Suiza, y la Unión Europea.

19 Orden ejecutiva 13808. Se impusieron nuevas sanciones sectoriales el 19 de marzo de 2018, (Orden ejecutiva 13827), el 1 de noviembre de 2018 (Orden ejecutiva 13850), y el 21 de mayo de 2018 (Orden ejecutiva 13835).

20 Orden ejecutiva 13857.

cho antes de agosto de 2017[21]. Sin embargo, las últimas sanciones económicas están agravando aún más los efectos de la crisis económica, y por tanto la situación humanitaria, dado que la mayoría de los ingresos en divisas procede de las exportaciones de petróleo, muchas de las cuales están vinculadas al mercado estadounidense. El Gobierno ha aceptado autorizar gradualmente asistencia humanitaria de las Naciones Unidas y de otros actores. Sin embargo, el nivel de asistencia es mínimo en relación a la magnitud de la crisis y hay una necesidad urgente de adoptar reformas económicas estructurales.

III. VIOLACIONES DE LOS DERECHOS CIVILES Y POLÍTICOS

A. *Libertad de opinión y expresión*

28. En los últimos años el Gobierno ha tratado de imponer una hegemonía comunicacional imponiendo su propia versión de los hechos y creando un ambiente que restringe los medios de comunicación independientes. Esta situación ha continuado empeorando en 2018-2019. Han tenido que cerrar docenas de medios impresos y el Gobierno clausuró emisoras de radio e hizo que dejaran de emitir canales de televisión. Aumentaron las detenciones de periodistas, incluyendo de periodistas extranjeros quienes fueron expulsados o dejaron el país inmediatamente después de su liberación. Actualmente hay centenares de periodistas venezolanos/as exiliados/as. Internet y las redes sociales se han convertido en los principales medios de comunicación e información de la población, limitando aún más el acceso a la información independiente de las personas que no tienen acceso a internet. La velocidad de la internet está disminuyendo paulatinamente, incluyendo por la falta de inver-

---

21 www.bcv.org.ve.

sión en infraestructura. Asimismo, en los años recientes, el Gobierno ha bloqueado sitios web de noticias independientes y ha bloqueado regularmente las principales redes sociales.

29. El ACNUDH documentó varios casos de detenciones arbitrarias de personas por expresar opiniones en redes sociales. En los últimos diez años, la ONG Espacio Público ha registrado detenciones arbitrarias y cargos penales contra 55 personas por publicaciones en medios sociales – 24 de ellos en 2018[22].

B. *Represión selectiva y persecución por motivos políticos*

30. Durante al menos una década, el Gobierno, así como las instituciones controladas por el Gobierno han aplicado leyes y políticas que han acelerado la erosión del estado de derecho y el desmantelamiento de las instituciones democráticas, incluyendo la Asamblea Nacional[23]. Estas medidas tienen como objetivo neutralizar, reprimir y criminalizar a opositores/as políticas y críticas al Gobierno. Esta tendencia se ha aumentado desde 2016, después de que la oposición ganara la mayoría de los escaños de la Asamblea Nacional, lo cual llevó a un incremento de la represión selectiva de la oposición política y a una restricción incesante del de por sí limitado espacio democrático.

---

22 Espacio Público, "Detenciones en línea. Presos por usar las redes sociales", 2 de mayo de 2019, http://espaciopublico.ong/detenciones-en-linea-presos-por-usar-las-redes-sociales/#.XPBMhY9S_cs.

23 La Lista *Tascón* fue uno de los primeros indicadores de la discriminación y persecución por motivos políticos. La lista, una base de datos de más de tres millones de personas venezolanas que en 2003-2004 apoyaron la organización un referéndum para revocar el mandato del entonces Presidente Hugo Chávez, fue utilizada para despedir masivamente a funcionarios/as públicos/as.

1. *Instituciones y medidas de seguridad*

31. El 13 de mayo de 2016, el Presidente de la República declaró el "estado de excepción", que desde entonces ha sido renovado cada 60 días[24]. El decreto otorga amplias facultades, vagas y discrecionales, al poder Ejecutivo con el propósito declarado de, entre otras cosas, preservar el orden interno. En 2017, el Presidente activó el Plan Zamora, un plan de seguridad estratégico cívico-militar para la operación conjunta de las fuerzas armadas, milicias y civiles. Estas políticas implican un aumento de la militarización de las instituciones del Estado. Asimismo, extienden la utilización de la población en tareas de inteligencia y defensa, por medio de estructuras locales tales como los Consejos Comunales, las Unidades de Batalla Bolívar y Chávez (UBChs), los Comités Locales de Abastecimiento y Producción (CLAP) y las Redes de Articulación y Acción Sociopolítica (RAAS).

32. El aparato de seguridad incluye a la Guardia Nacional Bolivariana (GNB)[25], a la Policía Nacional Bolivariana (PNB) y a sus Fuerzas de Acciones Especiales (FAES), al Cuerpo de Investigaciones Científicas, Penales y Criminalísticas (CICPC), al Servicio Bolivariano de Inteligencia Nacional (SEBIN) y a la Dirección General de Contrainteligencia Militar (DGCIM). La GNB y la PNB han sido responsables del uso excesivo de la fuerza en manifestaciones al menos desde 2014. Las FAES, una unidad de respuesta rápida creada en 2017 para combatir el crimen organizado, han sido presuntamente responsables de numerosas ejecuciones extrajudiciales en operaciones de seguridad, al igual que el CICPC. Los servicios de inteligencia (el SEBIN y la DGCIM) han sido responsables de detenciones

---

24 Decreto presidencial N°2323.

25 Parte de las fuerzas armadas.

arbitrarias, maltratos y tortura de opositores/as políticos/as y de sus familiares. Los colectivos armados contribuyen a este sistema ejerciendo control social en las comunidades locales, y apoyando a las fuerzas de seguridad en la represión de manifestaciones y de la disidencia.

33. Las instituciones responsables de la protección de los derechos humanos, tales como la Fiscalía General, los/as jueces/juezas y la Defensoría del Pueblo, generalmente no llevan a cabo investigaciones prontas, efectivas, exhaustivas, independientes, imparciales y transparentes sobre violaciones de derechos humanos y otros crímenes cometidos por actores estatales, no llevan a las personas responsables ante la justicia, ni protegen a personas víctimas y testigos. Dicha inacción contribuye a la impunidad y a la repetición de las violaciones.

2. *Ataques contra miembros de la oposición y personas críticas al Gobierno*

34. Estas políticas van acompañadas de una retórica pública, utilizada también por autoridades de alto rango, que desacredita y ataca de manera constante a quienes critican al Gobierno o se oponen a él. La oposición política, los/as activistas de derechos humanos y los/as periodistas, entre otros/as, son con frecuencia blanco de discursos que los tildan de "traidores" y "agentes desestabilizadores". Los medios de comunicación progubernamentales difunden ampliamente esta retórica, por ejemplo, a través del programa televisivo semanal "Con el mazo dando," presentado por el Presidente de la Asamblea Nacional Constituyente (ANC)[26].

---

26 Establecida en agosto de 2017 tras un proceso electoral carente de inclusión política y viciado de irregularidades. La ANC asumió *de facto* las responsabilidades constitucionales de la Asamblea Nacional.

35. Sucesivas leyes y reformas legislativas han facilitado la criminalización de la oposición y de cualquier persona crítica al Gobierno mediante disposiciones vagas, aumentos de sanciones por hechos que están garantizados por el derecho a la libertad de reunión pacífica, el uso de la jurisdicción militar para personas civiles, y restricciones a ONGs para representar a víctimas de violaciones de los derechos humanos[27].

36. En 2018-2019, se despidió y detuvo arbitrariamente a varios dirigentes sindicales y a muchos/as trabajadores/as que habían protestado en demanda de salarios y condiciones de trabajo decentes. Decenas de profesionales de la salud que protestaron por el estado en que se encontraba la atención de salud en el país fueron despedidos/as y/o amenazados/as por sus superiores y algunos/as fueron detenidos/as arbitrariamente. Al personal universitario crítico al Gobierno se le amenazó con el impago de los salarios, se le impidió el acceso a sus centros de trabajo y viajar al extranjero y fue detenido arbitrariamente. Los/as defensores/as de los derechos humanos fueron víctimas de campañas de difamación en los medios de comunicación progubernamentales, y sometidos/as a vigilancia, intimidación, hostigamiento, amenazas y detención arbitraria. También se atacó a disidentes chavistas, a militares disidentes y a funcionarios/as públicos/as y empleados/as de empresas estatales a los/as que se considera opositores/as. Muchas de las víctimas de dichos actos han reducido sus actividades, se han escondido o han tomado el camino del exilio. Asimismo, las mujeres, en

27 "Ley Constitucional contra el Odio, por la Convivencia Pacífica y la Tolerancia", aprobada por la Asamblea Nacional Constituyente el 8 de noviembre de 2017, la "Ley Orgánica contra la Delincuencia Organizada y Financiamiento al Terrorismo", de 31 de enero de 2012, y la reforma del Código Orgánico Procesal Penal adoptada por decreto ministerial el 15 de junio de 2012.

particular las defensoras de derechos humanos, enfermeras, profesoras y funcionarias públicas, han sufrido ataques en función de su género mediante comentarios sexistas, violencia de género en línea y humillaciones públicas. La represión selectiva contra miembros de la oposición y líderes sociales infunde miedo al mostrar las consecuencias que puede acarrear el oponerse o meramente criticar al Gobierno o el expresar disentimiento.

37. A junio de 2019, la Corte Suprema de Justicia ha levantado la inmunidad parlamentaria a 22 diputados de la Asamblea Nacional, entre ellos el Presidente de la Asamblea Nacional. Muchos de ellos han sido acusados de traición, conspiración, instigación a la insurrección, rebelión civil y asociación, entre otros cargos, tras el 4 de agosto de 2018, cuando una tentativa de asesinato reportada en contra del Presidente de la República falló, y el 30 de abril de 2019, cuando el Presidente de la Asamblea Nacional llamó a las fuerzas armadas a desertar y a desafiar al Gobierno. Dos diputados se encuentran en detención preventiva[28] y 16 han buscado protección en Embajadas extranjeras, han abandonado el país o se han escondido.

38. Los ataques contra familiares de opositores/as políticos/as son parte de la represión selectiva. El ACNUDH documentó un número creciente de detenciones arbitrarias de familiares, particularmente de mujeres, de presuntos opositores políticos. Sin tener acceso a abogados/as, son interrogadas sobre el paradero de sus familiares y, en algunos casos, son maltratadas y torturadas. Estas detenciones son llevadas a cabo

---

28 El Vicepresidente de la Asamblea Nacional, Edgar Zambrano, está detenido desde el 8 de mayo de 2019 y el diputado Juan Requesens está detenido desde el 7 de agosto de 2018.

como instrumento para ejercer presión sobre los supuestos fugitivos, pero también como un castigo. Familiares también son víctimas de amenazas de muerte, daños adicionales a sus familias, vigilancia, intimidación y hostigamiento. Además, las mujeres son sometidas a violencia sexual y de género y humillación en sus visitas a centros de detención, durante operaciones de seguridad y allanamientos de domicilios.

3. *Uso excesivo de la fuerza y muertes en el contexto de las manifestaciones contra el Gobierno*

39. A medida que la crisis política, social y económica se fue agudizando, las manifestaciones contra el Gobierno aumentaron en número e intensidad a partir de 2014[29]. Según el Gobierno, en 2017 ocurrieron 12,913 manifestaciones, 7,563 en 2018 y 3,251 entre el 1 de enero y el 12 de mayo de 2019[30]. Sin embargo, según la ONG Observatorio Venezolano de la Conflictividad Social (OVCS), se produjeron 9,787 manifestaciones en 2017, 12,715 en 2018 y 9,715 entre el 1 de enero y 31 de mayo de 2019. En 2019, las fuerzas de seguridad no hicieron un uso excesivo de la fuerza en todas las manifestaciones. Sin embargo, en el contexto de ciertas protestas políticas, la GNB, la PNB, las FAES y algunas policías estatales y municipales presuntamente hicieron un uso excesivo de la fuerza de manera deliberada, con la finalidad de infundir miedo y desalentar futuras manifestaciones. Colectivos armados también recurrieron a la violencia contra manifestantes, a menudo en coordinación con las fuerzas de seguridad. En muchos casos, estas acciones produjeron muertes y heridas graves.

---

29 Información proporcionada por el Gobierno.

30 Observatorio Venezolano de la Conflictividad Social, http://www.observatoriodeconflictos.org.ve/.

40. Según el Gobierno, no hubo muertes durante las manifestaciones en 2018. Reportaron que 29 personas fueron muertas entre enero y mayo de 2019[31]. Sin embargo, OVCS registró 14 muertes en el contexto de manifestaciones en 2018[32] y el ACNUDH registró 66 muertes entre enero y mayo 2019. Muchas personas manifestantes fueron detenidas arbitrariamente, así como maltratadas o torturadas. Las fuerzas de seguridad llevaron a cabo allanamientos ilegales de domicilios en contra de manifestantes.

4. *Detenciones arbitrarias, torturas y malos tratos*

41. Según la ONG Foro Penal Venezolano, por lo menos 15.045 personas fueron detenidas por motivos políticos entre enero de 2014 y mayo de 2019[33]. De ellas, 527 fueron detenidas en 2018 y 2.091 entre enero y mayo de 2019. La mayoría de ellas fueron detenidas en el contexto de las manifestaciones. Al 31 de mayo de 2019, 793 personas seguían privadas arbitrariamente de libertad, 1,437 personas habían sido liberadas incondicionalmente, y 8,598 personas habían sido liberadas condicionalmente y afrontaban aún prolongadas actuaciones penales[34]. El resto fueron liberadas sin haber sido llevadas ante un/a juez/a. El temor a volver a ser detenidas ha llevado a varias de ellas a dejar el país. El ACNUDH considera que el Gobierno ha utilizado las detenciones arbitrarias como uno de los principales instrumentos para intimidar y reprimir a la oposi-

---

31 El ACNUDH recibió información contradictoria del Gobierno respecto al número de muertes.

32 Observatorio Venezolano de la Conflictividad Social, http://www.observatoriodeconflictos.org.ve/.

33 Información proporcionada por el Foro Penal Venezolano.

34 *Ídem.*

ción política y cualquier expresión de disensión, real o presunta, al menos desde 2014.

42. El ACNUDH pudo documentar información detallada de 135 casos de personas (23 mujeres y 112 hombres) privadas arbitrariamente de la libertad entre 2014 y 2019. De ellas, 23 fueron detenidas en 2018 y 8 en 2019. Algunos de esos casos fueron desapariciones forzadas hasta que las autoridades revelaron el paradero de las personas detenidas, días o semanas después de sus detenciones. En la mayoría de los casos las detenciones se llevaron a cabo en respuesta a que las personas estaban ejerciendo sus derechos humanos, en particular la libertad de opinión, expresión, asociación y reunión pacífica. A menudo, las detenciones carecían de fundamento legal. El ACNUDH también encontró graves y repetidas violaciones de la garantía del juicio justo en cada uno de estos casos. Ninguna de las víctimas entrevistadas que fueron liberadas ha sido indemnizada por la violación de sus derechos por haber sido detenidas arbitrariamente.

43. En la mayoría de estos casos, se sometió a las mujeres y los hombres detenidos a una o más formas de tortura o trato o pena cruel, inhumana o degradante, como la aplicación de corriente eléctrica, asfixia con bolsas de plástico, simulacros de ahogamiento, palizas, violencias sexuales, privación de agua y comida, posturas forzadas y exposición a temperaturas extremas. Las fuerzas de seguridad y los servicios de inteligencia, especialmente el SEBIN y la DGCIM, recurrieron de manera habitual a esas medidas para extraer información y confesiones, intimidar y sancionar a las personas detenidas. Las autoridades no han investigado con prontitud, efectividad, exhaustividad, independencia, imparcialidad y transparencia las denuncias creíbles de torturas y malos tratos, incluyendo casos de violencia sexual y de género, no han puesto a los presuntos responsables a disposición de la justicia, ni han propor-

cionado reparaciones a las víctimas. En particular, a menudo las autoridades judiciales han invertido la carga de la prueba al rechazar abrir investigaciones a menos que las víctimas identificaran a los responsables. Según el Ministerio Público, se han registrado 72 denuncias por supuesta tortura y otros malos tratos respecto de 174 personas detenidas en el contexto de protestas entre 2017 y 2019. No se proporcionó información respecto del estado de las investigaciones.

44. El ACNUDH documentó casos de violencia sexual y de género contra mujeres y niñas durante su detención, en particular por efectivos del SEBIN y de la DGCIM así como por oficiales de la GNB. Las mujeres entrevistadas dieron cuenta de agresiones físicas tales como arrastrarlas por el pelo y tocamientos inapropiados, amenazas de violación, desnudez forzada e insultos sexistas y de género, con la finalidad de humillarlas y castigarlas, así como para extraerles confesiones.

45. Asimismo, información analizada por el ACNUDH muestra que las condiciones de las detenciones de un número significativo de personas privadas de libertad no cumplen las reglas internacionales mínimas sobre tratamiento humano de los/as reclusos/as y constituyen a menudo malos tratos. En general, los centros de detención, especialmente centros de detención preventiva, están a menudo superpoblados y son insalubres. Las personas detenidas tienen acceso limitado a la alimentación, agua, saneamiento, luz solar e instalaciones de recreación. Su acceso a la asistencia sanitaria básica es restringida e incluso denegada[35]. Estas condiciones fueron reconocidas por las autoridades durante la visita de la Alta Comisionada.

---

35 Según la ONG Observatorio Venezolano de Prisiones, en el primer trimestre de 2019, 37 personas reclusas murieron por motivos relacionados con la salud (tuberculosis, desnutrición, hepatitis, salmonela, neumonía, VIH/SIDA). Ver: www.oveprisiones.com/desnutricion-

46. El centro de detención en la sede del SEBIN Helicoide, no está adaptado para cumplir los estándares específicos de género. El ACNUDH entrevistó a varias mujeres que estuvieron detenidas en el Helicoide quienes indicaron que solo hay una celda asignada a mujeres. Esta celda estaba superpoblada y vigilada principalmente por hombres, a pesar de haber guardias mujeres trabajando en las instalaciones. Los guardias, así como otros reclusos ejercían presión sobre las mujeres para que intercambien sexo por "privilegios" y/o protección. Varias mujeres también dijeron no tener acceso a asistencia médica especializada y que, a diferencia de los hombres, no siempre se les permitía salir al patio o al gimnasio. A las mujeres detenidas por motivos políticos a menudo les denegaron las visitas.

C. *Uso excesivo de la fuerza y muertes causadas en el contexto de operaciones de seguridad*

47. Según el Gobierno, la implementación de operaciones de seguridad ciudadana ha llevado a un descenso constante de la delincuencia en el país, especialmente del delito de homicidio. Sin embargo, en el contexto de estas operaciones de seguridad[36], el ACNUDH documentó casos de ejecuciones extrajudiciales perpetradas por fuerzas de seguridad llevadas a cabo en vecindarios pobres. Desde principios de 2018, las operaciones de seguridad de las FAES, creadas para combatir el narcotráfico y las organizaciones criminales, reemplazaron a las operaciones de seguridad denominadas "Operaciones de Libe-

---

enfermedades-y-violencia-mataron-a-46-presos-en-el-1er-trimestre-2019/.

36 El Gobierno registró 17,407 homicidios en 2016, 14,665 en 2017, y 10,598 en 2018.

ración del Pueblo" implementadas de 2015 a 2017[37]. Las personas entrevistadas se refirieron de manera constante a las FAES como un "escuadrón de la muerte" o un "grupo de exterminio". Según informes de ONGs, las FAES son responsables de centenares de muertes violentas[38].

48. El ACNUDH entrevistó a los familiares de 20 hombres jóvenes muertos por las FAES de junio de 2018 a abril de 2019. Todos/as describieron un modus operandi similar. Las FAES llegarían en camionetas negras sin placas de matrícula y bloquearían los puntos de acceso en la zona. Vestían de negro, sin ninguna identificación personal, con pasamontañas cubriendo sus rostros. También llevarían armas largas. Las familias de las víctimas describieron cómo las FAES irrumpieron en sus hogares, se apoderaron de sus pertenencias y ejercieron violencia de género contra las mujeres y las niñas, incluyendo la desnudez forzada. Las FAES separarían a los hombres jóvenes de otros miembros de la familia antes de dispararles. Según sus familiares, casi todas las víctimas habían recibido uno o más disparos en el tórax.

49. En cada caso, las personas testigos reportaron cómo las FAES manipularon la escena del crimen y las pruebas. Habrían plantado armas y drogas y habrían disparado sus armas contra las paredes o en el aire para insinuar un enfrenta-

---

37 De julio de 2015 a marzo de 2017, el Ministerio Público registró las muertes violentas de 505 personas en Operaciones de Liberación del Pueblo. "Actuaciones del Ministerio Público relacionadas con las OLP en Venezuela (julio 2015 – marzo 2017)", https://lortega-diaz.com/wp-content/uploads/2017/10/Folleto-OLP-2017.pdf).

38 La ONG PROVEA informó de 275 asesinatos en el primer trimestre de 2019. La ONG Monitor de Víctimas reportó 256 asesinatos sólo en Caracas en 2018. La ONG COFAVIC informó de 3.684 asesinatos en 2017-2018, de los cuales el 28% podrían atribuirse a FAES/PNB.

miento y demostrar que la víctima se habría "resistido a la autoridad". En muchos casos, las FAES llevaron a las víctimas al hospital, aunque éstas ya estaban muertas, aparentemente con el propósito de manipular los cuerpos y modificar la escena del crimen. En algunos casos, las autoridades declararon que las víctimas eran delincuentes antes de que hubiese concluido la correspondiente investigación oficial.

50. Las autoridades clasifican las muertes violentas resultantes de las operaciones de seguridad como "resistencia a la autoridad". El número de estas muertes es inusualmente alto. En 2018, el Gobierno registró 5.287 muertes violentas en esa categoría[39], en tanto que la ONG Observatorio Venezolano de la Violencia (OVV) notificó por lo menos 7.523 muertes violentas de esa categoría[40]. Entre el 1 de enero y el 19 de mayo de 2019, el Gobierno notificó 1.569 muertes violentas por "resistencia a la autoridad"[41]. El OVV informó de al menos 2.124 de esas muertes entre enero y mayo de 2019[42]. La información analizada por el ACNUDH indica que muchas de esas muertes violentas pueden constituir ejecuciones extrajudiciales.

51. Habida cuenta del perfil de las víctimas, el modus operandi de las operaciones de seguridad y el hecho de que con frecuencia las FAES mantienen una presencia en las comunidades después de concluida la operación, al ACNUDH le preocupa que las autoridades puedan estar utilizando a las

---

39 Información proporcionada por el Gobierno.

40 Observatorio Venezolano de la Violencia, "Informe anual de violencia 2018", https://observatoriodeviolencia.org.ve/ovv-lacso-informe-anual-de-violencia-2018/.

41 Información proporcionada por el Gobierno.

42 Información proporcionada por el Observatorio Venezolano de la Violencia.

FAES y a otras fuerzas de seguridad como instrumento para infundir miedo a la población y mantener el control social.

52. Además, el ACNUDH documentó los casos de seis hombres jóvenes ejecutados por las FAES en represalia por su papel en las protestas antigubernamentales en 2019. Estas ejecuciones extrajudiciales tuvieron lugar durante allanamientos ilegales de domicilios después de las manifestaciones y siguieron el mismo modus operandi descrito anteriormente.

IV. ACCESO EFECTIVO A LA JUSTICIA Y A UNA REPARACIÓN ADECUADA PARA LAS VÍCTIMAS

53. El Gobierno ha reconocido que existe un problema de acceso a la justicia para todas las personas y ha pedido al ACNUDH que les ayude a resolver esta cuestión. De acuerdo con el Gobierno, para junio de 2019, 44 personas estaban detenidas y 33 órdenes de arresto habían sido dictadas contra otras personas por su presunta responsabilidad por las muertes ocurridas durante las manifestaciones de 2017 y 2019. Cinco miembros de las FAES han sido condenados por homicidio frustrado, uso indebido de arma orgánica y simulación de hecho punible, por hechos ocurridos en 2018. Además, 388 miembros de las FAES están siendo investigados por los delitos de homicidio, trato cruel y violación de domicilio cometidos entre 2017 y 2019.

54. La mayoría de las víctimas de las violaciones de los derechos humanos señaladas en el presente informe no han tenido un acceso efectivo a la justicia y a una reparación adecuada. Según las y los entrevistadas/os, pocas personas presentan denuncias por miedo a represalias y por falta de confianza en el sistema de justicia. Cuando lo hacen, las autoridades no investigan o no llevan a cabo investigaciones prontas, efectivas, exhaustivas, independientes, imparciales y transparentes.

55. Por ejemplo, las familias de las personas que murieron durante las protestas masivas de 2017 siguen enfrentando obstáculos generalizados a sus derechos a la verdad, a la justicia y a la reparación, sin que se haya avanzado en la mayoría de las investigaciones. Además, las familias, principalmente las mujeres, han sido amenazadas y acosadas por los servicios de inteligencia y por la policía, y algunas se han visto obligadas a abandonar el país. Las familias de los hombres matados durante las operaciones de las FAES tampoco han recibido justicia. Ellas se han enfrentado a múltiples obstáculos, entre ellos la renuencia de los/las fiscales a recibir sus denuncias, y la denegación del acceso a la información y a medidas de protección y apoyo psicosocial.

56. Siguen existiendo factores de impunidad identificados en 2018, entre ellos la falta de cooperación de las fuerzas de seguridad y de las fuerzas armadas con las investigaciones, la manipulación de la escena del crimen y de las pruebas por parte de las fuerzas de seguridad, las demoras indebidas en las actuaciones judiciales, la elevada rotación de los/as fiscales y los/as jueces/juezas, así como la inmunidad de facto de oficiales superiores[43]. La falta de independencia y la corrupción en el poder judicial son también obstáculos importantes a los que se enfrentan las víctimas en su búsqueda de justicia y reparación.

57. El Ministerio Público ha incumplido con regularidad su obligación de investigar y llevar a juicio a las personas responsables de los hechos y el Defensor del Pueblo ha guardado silencio ante las violaciones de los derechos humanos. Ningu-

---

43 ACNUDH, "Violaciones de los derechos humanos en la República Bolivariana de Venezuela: una espiral descendente que no parece tener fin", 22 de junio de 2018.

na de esas instituciones, así como tampoco el Gobierno o la policía dan protección a las víctimas y testigos de violaciones a los derechos humanos. Además, el Fiscal General ha participado de una retórica pública de estigmatización y desacreditación de la oposición y de quienes critican al Gobierno, violando así el principio de presunción de inocencia.

58. Las mujeres suelen estar en primera línea de la lucha por la verdad, la justicia y la reparación. Dan seguimiento a las actuaciones e investigaciones penales, y participan en ellas, a menudo en un entorno hostil. Manifestaron haber sido amenazadas, maltratadas e insultadas por funcionarios/as públicos y judiciales. Estas mujeres se enfrentan a la exclusión social debido a la vergüenza pública y a la estigmatización. Además de buscar justicia, estas mujeres a menudo se convierten en las principales proveedoras de cuidados, asumen más personas a su cargo y/o se convierten en el sostén de la familia.

59. Casi dos años después de su creación, la Comisión para la Verdad, la Justicia, la Paz y la Tranquilidad Pública no ha publicado su informe sobre la violencia política que tuvo lugar entre 1999 y 2017[44]. La Comisión ha concedido indemnizaciones monetarias y ha proporcionado asistencia jurídica, psicológica, médica y medidas de protección social a 107 familiares de 50 víctimas que murieron durante las protestas de 2017. Sin embargo, en ausencia de un proceso imparcial de búsqueda de la verdad, justicia y reparación, las familias entrevistadas por el ACNUDH consideran el apoyo financiero como un in-

---

44 La ANC creó el 8 de agosto de 2017 la Comisión para la Verdad, la Justicia, la Paz y la Tranquilidad Pública, encargada de examinar e informar sobre la "violencia política" de 1999 a 2017, incluidas las violaciones de los derechos humanos relacionadas con ella. Como observó el ACNUDH, la Comisión no cumple los estándares internacionales relativos a las comisiones de la verdad.

tento de comprar su silencio. De acuerdo con el Gobierno, al 29 de mayo de 2019, 193 personas detenidas por su participación en protestas habían sido puestas en libertad condicional sobre la base de las recomendaciones de la Comisión[45].

V. GRUPOS EN SITUACIÓN DE RIESGO

A. *Pueblos Indígenas*

60. Los pueblos indígenas constituyen el 2,5 por ciento de la población de Venezuela y hay más de 50 grupos indígenas[46]. Individualmente, enfrentan los mismos desafíos a sus derechos humanos que la población en general, a menudo de manera desproporcionada y/o diferenciada. También enfrentan desafíos a sus derechos colectivos como pueblos indígenas.

61. La situación humanitaria ha perjudicado desproporcionadamente los derechos económicos y sociales de muchos pueblos indígenas, especialmente sus derechos a un nivel de vida digno, incluido el derecho a la alimentación, y su derecho a la salud. El cierre de las fronteras de Venezuela[47] tuvo consecuencias graves en los grupos indígenas cuyos territorios tradicionales se extienden a ambos lados de la frontera, como los wayuu.

62. Hay violaciones de los derechos colectivos de los pueblos indígenas a sus tierras, territorios y recursos tradicio-

---

45 Información proporcionada por el Gobierno.

46 Instituto Nacional de Estadística, "Censo Nacional de Población y Vivienda 2011", http://www.ine.gob.ve/index.php?option=com_content&view=category&id=95&Itemid=9#.

47 Las fronteras de Venezuela fueron cerradas el 22 de febrero de 2019. Las fronteras con Aruba y Brasil se reabrieron el 10 de mayo de 2019 y la frontera colombiana se reabrió parcialmente el 10 de junio de 2019.

nales. Han perdido el control de sus tierras, incluso debido a la militarización por parte de los agentes del Estado. Su presencia ha provocado violencia e inseguridad en sus territorios en los últimos años, a lo que se suma la presencia de bandas criminales organizadas y grupos armados.

63. La extracción de minerales, especialmente en los estados Amazonas y Bolívar, incluyendo la región del Arco Minero del Orinoco, ha dado lugar a violaciones de diversos derechos colectivos, entre otros los derechos a mantener costumbres, modos de vida tradicionales y una relación espiritual con su tierra. La minería también provoca graves daños ambientales y en la salud, como el aumento del paludismo y la contaminación de las vías fluviales. Tiene un efecto diferenciado en las mujeres y niñas indígenas, que corren mayor riesgo de ser objeto de trata de personas. El hecho de no consultar a los pueblos indígenas sobre estas actividades constituye una violación de su derecho a la consulta.

64. El ACNUDH documentó siete muertes de pueblos indígenas en circunstancias violentas en 2019. Las autoridades y los/as dirigentes indígenas, comprendidas las mujeres, son objeto con frecuencia de amenazas y ataques por parte de agentes estatales, lo que repercute en su derecho a la libre determinación. En el estado Bolívar, las comunidades Pemón que se oponen al Gobierno, en particular las autoridades y los/as dirigentes indígenas, se enfrentan a una represión selectiva por parte de los agentes del Estado.

65. En febrero de 2019, se produjeron incidentes violentos en el territorio pemón en el contexto de la posible entrada de ayuda desde el cercano Brasil. Sin embargo, no se produjeron de forma aislada, sino en medio de la tensión entre el Gobierno y la comunidad pemón, la cual denuncia una creciente in-

seguridad, de la que son muestra las muertes causadas el año pasado.

66. El 22 febrero, unos soldados abrieron fuego contra miembros de la comunidad pemón de Kumaracapay, a tres de los cuales mataron y a 12 hirieron. Durante estos eventos, cuatro soldados fueron retenidos por los/as pemones, y reportaron haber sufrido malos tratos. El 23 de febrero, en la ciudad de Santa Elena y en torno a ella, la GNB hizo un uso excesivo de fuerza contra personas, tanto indígenas como no indígenas, entre ellos personas que se dirigían a la frontera para recibir ayuda. Las personas testigos describieron ataques y caos que duraron todo el día y parte de la noche, en los que la GNB disparó indiscriminadamente desde tanquetas a corta distancia y se lanzaron ataques contra el hospital. Ante la falta de medicamentos y suministros, las personas heridas fueron trasladadas a un hospital brasileño a 200 kilómetros de distancia, en el que se practicaron operaciones quirúrgicas a muchas de ellas, quienes tienen por delante meses de rehabilitación. El ACNUDH confirmó que siete personas murieron (cuatro indígenas y tres no indígenas) y 26 resultaron heridas por disparos de las fuerzas militares. Al menos 63 personas (indígenas y no indígenas) fueron detenidas. Las personas detenidas fueron objeto de malos tratos. Al ACNUDH le preocupan las declaraciones de personas testigos de las que cabe deducir que puede que fueran matadas muchas más personas. También le preocupan los informes sobre una posible fosa común, lo que amerita una investigación más a fondo. El Estado aún no ha emprendido una investigación independiente e imparcial de los incidentes.

67. Durante esos hechos, fuerzas militares tomaron el control del aeropuerto de la comunidad pemón de Maurak, que hasta entonces estaba bajo control indígena. Maurak y otras dos comunidades siguen militarizadas en el momento de redactar el presente informe.

68. Estos hechos obligaron a por lo menos 966 pemones a huir al Brasil[48], y la mayoría de las personas entrevistadas dijeron que no regresarían por miedo a ser perseguidas. Los hechos y el posterior desplazamiento han causado un daño irreparable a los/as pemones, quienes han sufrido violaciones de sus derechos individuales y colectivos, que atañen a sus costumbres, su territorio y la libre determinación.

B. *Personas migrantes y refugiadas*

69. El número de personas que se han visto obligadas a dejar Venezuela ha aumentado dramáticamente desde 2018, alcanzando más de 4 millones para el 6 de junio de 2019[49]. Colombia acoge la mayor cantidad de personas, seguida por Perú, Chile, la Argentina, Ecuador y el Brasil.

70. Violaciones de los derechos a la alimentación y la salud son los factores principales. Muchas personas buscan protección de su derecho a vivir con dignidad. Otros factores son la violencia y la inseguridad, el colapso de los servicios básicos y el deterioro del sistema de educación. En el caso de las mujeres, se añaden la falta de acceso a atención de salud prenatal y postnatal y la insuficiencia de mecanismos de protección frente a la violencia doméstica. La persecución por motivos políticos también está obligando a muchos/as venezolanos/as a solicitar asilo[50]. Los/as niños/as y las personas adultas mayores son quienes a menudo se quedan en el país, siendo las abuelas quienes asumen la carga de cuidados.

---

48 Información proporcionada por el Foro Penal Venezolano.

49 https://r4v.info/en/situations/platform

50 ACNUR, "Nota de orientación sobre consideraciones de protección internacional para los venezolanos – Actualización I", mayo de 2019.

71. Las violaciones de los derechos económicos y sociales que impulsan la migración también afectan a las condiciones en que las personas dejan el país, la manera como se desplazan y las situaciones de vulnerabilidad que afrontan durante la migración. Las personas migrantes pueden encontrarse ya en un estado de salud precario, el cual empeora cuando tienen dificultades para acceder a la salud en los países receptores. Además, independientemente de su condición socioeconómica previa, las personas migrantes se marchan con poquísimo o ningún ahorro. Algunas personas carecen de recursos para viajar en autobús y no les queda más remedio que hacer largas distancias a pie. Estas personas "caminantes" recorren trayectos físicamente extenuantes, en el curso de los cuales se ven expuestas a condiciones climáticas hostiles, falta de refugios en buenas condiciones, alimentos, agua potable y saneamiento. Estas personas también son objeto de robos a mano armada y de otros abusos. Muchas de ellas están bajo presión para enviar alimentos, medicamentos y dinero a casa.

72. Las situaciones de vulnerabilidad que son generadas en Venezuela se ven agravadas por los problemas que las personas migrantes afrontan en los países de tránsito y de destino, como la carencia de condición de migrantes regulares, condiciones de vida indignas, explotación laboral, discriminación y xenofobia. Estos factores de vulnerabilidad, conjugados con estereotipos hipersexualizados, aumentan la exposición de las mujeres, adolescentes y niñas migrantes a la trata, la explotación sexual y otras formas de violencia de género durante el viaje y en el lugar de destino.

73. Las personas venezolanas tropiezan con obstáculos para obtener o legalizar documentación, lo cual vulnera su derecho a salir del propio país y su derecho a tener una identidad. Estos obstáculos también tienen un impacto negativo en el derecho a adquirir una nacionalidad y en el derecho a vivir en

familia e impide la reunificación familiar, la entrada y la residencia regulares, así como la habilidad para acceder a educación, servicios de salud y a un trabajo decente. Las personas migrantes que dejan el territorio venezolano o que vuelven a él son muchas veces víctimas de extorsión y requisas, especialmente a manos de la GNB. Además, los cierres de las fronteras y requisitos adicionales para para viajar a los países de tránsito y destino obligan a las personas migrantes a utilizar puntos de cruce no oficiales y aumentan, por ende, el riesgo de que sean víctimas de abusos. Según información del Gobierno, entre 2017 y 2019, el Ministerio Público ha registrado 85 denuncias contra funcionarios del Servicio Administrativo de Identificación, Migración y Extranjería; 196 funcionarios están siendo investigados, 87 fueron acusados y 34 condenados, todos por corrupción.

74. De conformidad con información proporcionada por el Gobierno, desde 2018, 14,070 venezolanos y venezolanas han regresado al país como parte del plan "Vuelve a la Patria"[51]. Las violaciones de los derechos humanos, incluido el derecho a la alimentación y salud, generan necesidades de protección basadas en leyes y estándares internacionales de derechos humanos, incluidas las obligaciones relacionadas con el no retorno. Además, estas violaciones crean situaciones de vulnerabilidad que caracterizan el proceso migratorio en todas sus etapas y que exigen la protección de los derechos humanos.

VI. CONCLUSIONES

75. El ACNUDH considera que existen motivos razonables para creer que se han cometido graves violaciones de los derechos económicos y sociales, incluidos los derechos a la

---

51 Información proporcionada por el Gobierno.

alimentación y la salud, en Venezuela. El Gobierno se negó a reconocer la magnitud de la crisis hasta hace poco y no adoptó las medidas apropiadas. Conforme se agudizaba la crisis económica, las autoridades empezaron a utilizar los programas sociales de forma discriminatoria, por motivos políticos, y como instrumento de control social. Las recientes sanciones económicas están agravando la crisis económica, lo que en último término aumentará el impacto negativo en el disfrute por la población de los derechos económicos y sociales.

76. Durante más de un decenio, Venezuela ha adoptado e implementado una serie de leyes, políticas y prácticas que han restringido el espacio democrático, debilitado las instituciones públicas y menoscabado la independencia del poder judicial. Aunque estas medidas se han adoptado con la finalidad declarada de preservar el orden público y la seguridad nacional contra presuntas amenazas internas y externas, han aumentado la militarización de las instituciones del Estado y el empleo de la población civil en tareas de inteligencia y defensa.

77. Todo ello ha permitido al Gobierno cometer numerosas violaciones de los derechos humanos. Las autoridades han atacado especialmente a determinadas personas y grupos, entre ellos a miembros de la oposición política y a quienes se considera que constituyen amenazas para el Gobierno por su capacidad para articular posiciones críticas y movilizar a otras personas. Esta represión selectiva se manifiesta en una multitud de violaciones de los derechos humanos, que pueden constituir persecución por motivos políticos. Estas violaciones requieren más investigación para determinar la pertinente responsabilidad del Estado y la responsabilidad penal individual.

78. Miles de personas, principalmente hombres jóvenes, han sido matadas en supuestos enfrentamientos con fuerzas estatales en los últimos años. Existen motivos razonables para

creer que muchas de esas muertes constituyen ejecuciones extrajudiciales perpetradas por las fuerzas de seguridad, en particular las FAES. Al ACNUDH le preocupa que las autoridades puedan estar utilizando a las FAES, y posiblemente a otras fuerzas de seguridad, como parte de una política de control social. Estas muertes violentas requieren una investigación inmediata para asegurar la responsabilidad de los perpetradores y las garantías de no repetición.

79. Los pueblos indígenas venezolanos son objeto de graves violaciones de sus derechos individuales y colectivos. Al ACNUDH le preocupan especialmente los informes de amenazas y actos de violencia contra autoridades y dirigentes indígenas y la represión selectiva de los/as pemones que se oponen al Gobierno. Se necesita más investigación sobre los derechos de los pueblos indígenas, con especial atención a la represión de los pueblos indígenas y las violaciones a sus derechos colectivos a la tierra, los territorios y los recursos.

80. El Estado ha denegado sistemáticamente los derechos de las víctimas de violaciones de los derechos humanos a la verdad, la justicia y la reparación. La impunidad ha permitido que se repitan las violaciones de los derechos humanos, ha envalentonado a los autores, y ha dejado de lado a las víctimas. Al ACNUDH le preocupa que, de no mejorar la situación, siga aumentando el éxodo sin precedentes de personas migrantes y refugiadas venezolanas y que las condiciones de las personas que permanecen en el país empeoren.

VII. RECOMENDACIONES

81. **El ACNUDH hace un llamamiento al Gobierno de Venezuela para que de manera inmediata:**

(a) **Adopte todas las medidas necesarias para garantizar la disponibilidad y la accesibilidad de alimentos, agua, medicamentos esenciales y servicios de atención de la salud, incluidos programas amplios de atención de la salud preventiva, prestando especial atención a los servicios maternos e infantiles, incluida la atención de la salud sexual y reproductiva;**

(b) **Adopte de inmediato medidas para cesar, subsanar y prevenir las violaciones de los derechos humanos, en particular las violaciones graves, como la tortura y las ejecuciones extrajudiciales.**

(c) **Lleve a cabo investigaciones prontas, efectivas, exhaustivas, independientes, imparciales y transparentes de las violaciones de los derechos humanos, incluidas las muertes de indígenas, y lleve a los responsables ante la justicia;**

(d) **Ponga en libertad a todas las personas privadas arbitrariamente de su libertad;**

(e) **Detenga, condene públicamente, castigue y prevenga todos los actos de persecución y represión selectiva por motivos políticos, incluidas la retórica estigmatizadora y las campañas de desprestigio;**

(f) **Adopte medidas efectivas para proteger a las personas defensoras de los derechos humanos y a las personas profesionales de los medios de comunicación;**

(g) **Cese toda intimidación y ataques contra los pueblos indígenas, incluidos/as sus líderes y lideresas, y garan-**

tice su protección y adopte todas las medidas necesarias para proteger sus derechos individuales y colectivos, incluido su derecho a la tierra;

(h) **Detenga y prevenga el uso excesivo de la fuerza durante las manifestaciones;**

(i) **Disuelva las FAES y establezca un mecanismo nacional imparcial e independiente, con apoyo de la comunidad internacional, para investigar las ejecuciones extrajudiciales llevadas a cabo en el curso de operaciones de seguridad, asegurar que sus responsables rindan cuentas, así como que las víctimas sean reparadas;**

(j) **Adopte medidas efectivas para restablecer la independencia del sistema judicial y garantizar la imparcialidad de la Fiscalía General y del Defensor del Pueblo;**

(k) **Garantice el derecho de las víctimas a interponer recursos y obtener reparaciones con un enfoque sensible al género, así como su protección contra la intimidación y las represalias;**

(l) **Garantice el derecho a la identidad y la documentación a todas las personas, incluyendo a niños/as;**

(m) **Acepte y facilite el establecimiento de una oficina permanente del ACNUDH en el país.**

82. **Además, el ACNUDH hace un llamamiento al Gobierno para que:**

(a) **Publique regularmente datos exhaustivos sobre salud y nutrición, desglosados por sexo, edad, pertenencia étnica y lugar de residencia, que puedan utilizarse, entre otros fines, para concebir y aplicar una respuesta humanitaria integral a la crisis;**

(b) Asigne la máxima cantidad posible de recursos disponibles a la realización gradual de los derechos económicos y sociales de una manera transparente y responsable que permita evaluar los gastos;

(c) Autorice el libre acceso a la información de interés público;

(d) Garantice que todos los programas sociales se implementen de manera transparente, no politizada y no discriminatoria, con la aplicación de medidas eficaces de supervisión y rendición de cuentas;

(e) Aumente la cobertura de la vacunación contra enfermedades evitables y adopte medidas adecuadas para controlar los brotes de enfermedades transmisibles;

(f) Dé prioridad a las medidas para disminuir los embarazos precoces y cuide que todos los planes relativos a los derechos sexuales y reproductivos contengan indicadores mensurables y un mecanismo de seguimiento;

(g) Revoque las clausuras de medios de comunicación y ponga fin a otras medidas de censura contra los medios de comunicación; garantice el acceso a Internet y a las redes sociales, incluidos los sitios web de noticias, y la imparcialidad de los órganos oficiales en la asignación de las frecuencias del espectro radioeléctrico;

(h) Desarme y desmantele a los grupos armados civiles progubernamentales (los llamados "colectivos armados") y garantice la investigación de sus delitos;

(i) Proteja a las personas, incluidas las que están migrando, frente a abusos, corrupción y extorsiones por parte de agentes del Estado;

(j) **Ratifique el Protocolo Facultativo de la Convención contra la Tortura y Otros Tratos o Penas Crueles, Inhumanos o Degradantes y la Convención Internacional para la Protección de Todas las Personas contra las Desapariciones Forzadas.**

83. **El Consejo de Derechos Humanos podría:**

Solicitar al ACNUDH que se centre en garantizar la rendición de cuentas por las violaciones de los derechos humanos y los abusos en Venezuela, en particular mediante el aumento de la vigilancia, la documentación, el análisis y la presentación de informes públicos sobre la situación de los derechos humanos.

ACTUALIZACIÓN DEL INFORME DE MICHELLE BACHELET, ALTA COMISIONADA DE LAS NACIONES UNIDAS PARA LOS DERECHOS HUMANOS, SOBRE LA SITUACIÓN DE LOS DERECHOS HUMANOS EN VENEZUELA,

9 de septiembre de 2019

42ª sesión del Consejo de Derechos Humanos,

Ginebra, 9 de septiembre de 2019

Señor Presidente,
Miembros del Consejo de Derechos Humanos,
Excelencias;

Desde la presentación de mi informe a este Consejo el pasado 5 de julio, la situación de derechos humanos sigue afectando a millones de personas en Venezuela y con claros impactos desestabilizadores en la región. Es por ello, que mantengo mi compromiso de seguir cooperando con las autoridades para lograr cambios sustanciales y poner fin a las violaciones de derechos humanos documentadas en mi informe.

Se ha logrado restablecer el trabajo de un equipo de la Oficina en Caracas y el Gobierno ha confirmado su voluntad de avanzar sobre la base de los compromisos en materia de derechos humanos asumidos durante mi visita al país en junio.

Sobre la situación penitenciaria y de detenidos ha habido avances recientes. El 6 de septiembre un miembro de mi equipo fue autorizado a visitar el Centro de Procesados Militares Ramo Verde (sexta visita a prisiones desde marzo). Se está avanzando en un protocolo y un calendario de visitas en los próximos meses. De acuerdo con los compromisos adquiridos con mi Oficina, el Gobierno ha cumplido con la excarcelación de 83 personas, incluidas aquellas cuya detención había sido considerada como arbitraria por el Grupo de Trabajo de Detención Arbitraria y que seguían en régimen de detención, así como otros casos señalados por la Oficina. Queda pendiente la liberación plena de la Jueza Afiuni y del periodista Braulio Jatar, quienes obtuvieron medidas parciales.

El Gobierno también se ha comprometido a establecer un mecanismo para atender casos individuales, y mi Oficina ya ha remitido 27 casos prioritarios que esperamos se resuelvan pronto. Asimismo, las autoridades nos han comunicado las medidas recientemente adoptadas para aliviar la situación médica de algunos detenidos. Además, el Gobierno está avanzando con respecto a su invitación al país a diez Procedimientos Especiales en los próximos dos años.

Por otro lado, la situación económica y social sigue deteriorándose rápidamente, restringiendo el ejercicio de los derechos económicos y sociales de millones de personas. La economía atraviesa lo que podría ser el episodio hiperinflacionario más agudo que haya experimentado la región, afectando la capacidad de compra de alimentos básicos, medicamentos y otros bienes esenciales.

Al día de hoy, el salario mínimo equivale a 2 dólares mensuales, en comparación con los 7 dólares en junio. Así, una familia necesita percibir el equivalente a 41 salarios mínimos mensuales para poder cubrir la canasta básica alimentaria. La dolarización de facto en varios sectores de la economía está exacerbando las desigualdades. Los servicios públicos han seguido presentando fallas graves y recurrentes, con especial intensidad en el estado Zulia. El desabastecimiento de combustible fuera de Caracas ha agravado la situación.

En este contexto, el 8 de agosto pasado expresé mi preocupación por el impacto potencialmente severo en los derechos humanos del nuevo conjunto de sanciones impuestas por el Gobierno de los Estados Unidos de América. Pese a las excepciones contempladas en las últimas sanciones en el área de asistencia humanitaria, el escrutinio estricto (over-compliance) del sector financiero, la reducción de los ingresos públicos y la caída en la producción petrolera está teniendo ya un fuerte impacto en los programas sociales y en la población en general. Todo esto contribuye a agravar la situación humanitaria y el éxodo de personas venezolanas.

Persisten serios obstáculos en la disponibilidad y accesibilidad económica a los alimentos. Por ejemplo, Cáritas registró un 35 por ciento de desnutrición crónica en los niños y niñas menores de 5 años atendidos en junio de 2019 en las zonas más pobres de 18 estados.

En relación con el derecho a la salud, me preocupa particularmente el insuficiente acceso a medicamentos y tratamiento de más de 400,000 personas que padecen enfermedades crónicas. Se ha registrado la muerte de pacientes con insuficiencia renal debido a la escasez de medicamentos e insumos para ser dializados desde 2017. Debido al desabastecimiento de suministros, los únicos dos centros en el país donde se pueden practicar trasplantes de médula ósea se enfrentan a serios problemas operativos. Adicionalmente, debido a problemas financieros al menos 39 personas, incluidos niños y niñas, se encuentran en Venezuela esperando viajar al extranjero para ser trasplantados en el marco de programas estatales. En los últimos meses, al menos 4 niños y niñas habrían fallecido durante la espera. Un paso positivo es que según la Organización Panamericana de la Salud se ha ampliado la cobertura de vacunación contra la poliomielitis, el sarampión y la difteria.

Mi Oficina ha seguido documentando casos de posibles ejecuciones extrajudiciales cometidas por miembros de las Fuerzas de Acción Especiales de la Policía Nacional - conocidas como FAES - en algunos barrios del país. Tan sólo en el pasado mes de julio la organización no-gubernamental Monitor de Víctimas identificó 57 nuevos casos de presuntas ejecuciones cometidas por miembros del FAES en Caracas. Los casos documentados muestran el mismo patrón identificado en mi informe de junio y revelan la ausencia de mecanismos eficaces para proteger a los testigos y familiares de las víctimas, quienes en su mayoría son mujeres. Mi Oficina no ha recibido información sobre medidas para implementar la recomendación del informe sobre la disolución de las FAES y prevenir la posible comisión de ejecuciones extrajudiciales. Por el contrario, las FAES han recibido apoyo al más alto nivel del Gobierno.

Según información recibida recientemente por parte del Ministerio Público, de agosto de 2017 a mayo de 2019, se condenaron a 104 miembros de fuerzas de seguridad por violación a los derechos humanos. Mi oficina espera información detallada sobre el tipo de violación a los derechos humanos, la adscripción institucional de los funcionarios, y el perfil de las víctimas.

En el mes de julio, el Tribunal Supremo de Justicia ratificó la condena en contra de un miembro de los Servicios Bolivarianos de Inteligencia Nacional (SEBIN) por el homicidio de

Bassil Dacosta, quien murió de un disparo en la cabeza en las protestas anti-gubernamentales de 2014. Asimismo, se capturó en España a uno de los presuntos responsables de la muerte de Orlando Figuera, a quien prendieron fuego durante las manifestaciones convocadas por la oposición en 2017. Llamo a las autoridades de justicia a agilizar las investigaciones y procesos penales del resto de los casos de muertes en el contexto de protestas.

Me preocupa el aumento de presencia de militares en el territorio del pueblo indígena Pemón, así como casos recientes recibidos de violencia en contra de personas indígenas, como las muertes de dos jóvenes Warao en julio presuntamente por elementos del FAES, las muertes de una mujer indígena Warao embarazada, y una niña de 6 años, así como la muerte de un líder indígena Curripaco en Amazonas, cometidos supuestamente por miembros de la Guardia Nacional Bolivariana.

Me preocupa también el impacto que la extracción de oro, diamantes, coltán y otros metales en el Arco Minero del Orinoco está teniendo en la forma de vida de los pueblos indígenas, así como el impacto ambiental en sus territorios. A pesar de que el Gobierno considera que se realizaron consultas con los pueblos indígenas antes del establecimiento del Arco Minero, autoridades indígenas y ONGs sostienen que no hubo consultas, ni los estudios de impacto ambiental adecuados.

Desde la presentación de mi informe, la Asamblea Nacional Constituyente, a petición del Tribunal Supremo, ha levantado la inmunidad parlamentaria a otros cuatro diputados de la Asamblea Nacional, elevando el número total a una parlamentaria y 24 parlamentarios despojados de inmunidad, incluido su Presidente. Dos parlamentarios siguen en detención preventiva a la espera de juicio. Confío en que mi oficina pueda visitarles pronto.

Deseo expresar mi rechazo a la condena del líder sindical Rubén González a 5 años y 9 meses de prisión por un tribunal militar el 13 de agosto por hechos ocurridos en el ejercicio de su activismo sindical. Su familia también ha sido objeto de diversas formas de hostigamiento. La aplicación de la justicia militar para juzgar a civiles constituye una violación del derecho a un juicio justo, incluido el derecho a ser juzgado por un tribunal independiente e imparcial.

Me preocupan las recientes acciones para aprobar una ley que tipifica como delito las actividades de las organizaciones de derechos humanos nacionales que reciben fondos del extranjero. Esa ley, si se aprueba y aplica, reducirá aún más el espacio democrático. Lamento también los recientes ataques del Gobierno en contra de la autonomía universitaria.

Mi Oficina documentó casos de tortura y malos tratos, tanto físicos como psicológicos, de personas arbitrariamente privadas de su libertad, en particular de militares. Las condiciones de detención no cumplen con los estándares internacionales básicos y las personas detenidas no tienen acceso a atención médica adecuada. Solicito a las autoridades tomar acción para corregir estas prácticas, permitir acceso médico e investigar violaciones a los derechos humanos.

La autopsia del Capitán Acosta Arévalo, quien falleció bajo custodia el 29 de junio, reveló que había sufrido múltiples golpes, contusiones, excoriaciones y quemaduras en varias partes del cuerpo. Sufrió fracturas en 16 costillas, el tabique nasal y el pie derecho. Las autoridades reportaron que dos oficiales de la DGCIM habían sido detenidos y acusados de homicidio preterintencional, pero no de haber cometido actos de tortura. Aliento a las autoridades a que investiguen las denuncias de tortura, castiguen a los responsables, reparen a las víctimas y adopten medidas para evitar su repetición.

Según las últimas cifras de Naciones Unidas hay más de 4,3 millones de personas venezolanas refugiadas y migrantes en el mundo. Celebro los esfuerzos realizados en materia de recepción, documentación y acceso a derechos en los países de acogida. Concuerdo con las palabras de Eduardo Stein, Representante Especial del Secretario General para los refugiados y migrantes venezolanos, sobre la necesidad de adoptar medidas para garantizar una migración segura, ordenada y regular, las mismas no deberían imponer obstáculos de acceso al territorio que pueden incrementar la migración irregular, y exacerbar los riesgos a ser víctimas de diversas formas de violencia y explotación. Preocupan los informes de brotes de xenofobia en países de la región y redoblo mi pedido a las autoridades de los países de acogida para mitigarlos y prevenirlos preservando los derechos de las personas migrantes y refugiadas.

Mi Oficina ha seguido documentando casos de personas migrantes víctimas de trata, particularmente mujeres, niñas y niños, con fines de explotación sexual, laboral y de reclutamiento para actividades ilícitas por parte del crimen organizado y de otros grupos armados. Las víctimas rara vez denuncian por temor a represalias o a ser deportadas, así como debido a la corrupción, impunidad y falta de servicios de atención adecuados. Asimismo, se documentó la desaparición de decenas de personas migrantes cuyas lanchas naufragaron o desaparecieron en las costas caribeñas, aparentemente relacionada con redes de trata y tráfico de personas hacia las islas del Caribe.

Me preocupa la información recibida por mi Oficina según la cual algunas organizaciones de la sociedad civil y sus representantes que colaboraron en la preparación de mi último informe a este Consejo, fueron víctimas de descalificaciones públicas y amenazas por altos funcionarios siguiendo su publicación. Las represalias por haber cooperado con las Naciones

Unidas son inaceptables e insto a las autoridades a que tomen medidas de prevención.

Mantengo la certeza de que las recomendaciones de mi informe puedan servir como una guía para superar la actual situación. Mi Oficina seguirá brindando la asistencia técnica y apoyo a las instituciones y a las víctimas que sea requerida, a la vez que seguirá monitoreando y reportando.

Reitero mi llamado tanto al Gobierno como a la oposición para que superen sus diferencias y den prioridad a la negociación que considero como la única manera para poder superar la actual situación. Una vez más expreso mi disponibilidad y la de mi oficina, fuera y dentro del país, para acompañar todos los esfuerzos que contribuyan a superar la actual crisis que afecta a millones de venezolanos. Apoyo el espacio facilitado por el reino de Noruega, así como las diversas iniciativas de dialogo que la comunidad internacional está impulsando.

INFORME DE LA SECRETARÍA GENERAL DE LA ORGANIZACIÓN DE LOS ESTADOS AMERICANOS Y DEL PANEL DE EXPERTOS INTERNACIONALES INDEPENDIENTES SOBRE LA POSIBLE COMISIÓN DE CRÍMENES DE LESA HUMANIDAD EN VENEZUELA

29 de mayo de 2018

Washington D.C.,

RESUMEN EJECUTIVO

En su Tercer Informe sobre la Situación en Venezuela, publicado el 19 de julio de 2017, el Secretario General de la OEA señaló que había "evidencias que apuntan al uso sistemático, táctico y estratégico del asesinato, encarcelación, tortura, violación y otras formas de violencia sexual, como herramientas para aterrorizar al pueblo venezolano en una campaña planificada para aplastar la oposición al Régimen."

El Artículo 7 del Estatuto de Roma establece que se entenderá como crimen de lesa humanidad cualquiera de los actos que enuncia "cuando se cometa como parte de un ataque generalizado o sistemático contra una población civil y con conocimiento de ese ataque." El 14 de septiembre de 2017, el Secretario General designó un Panel de Expertos Internacionales Independientes cuyo cometido es analizar si existe una base razonable para establecer que el Gobierno de Venezuela, durante el mandato del Presidente Nicolás Maduro, ha cometido crímenes de lesa humanidad, y determinar si hay fundamento para remitir la situación a la Oficina del Fiscal de la Corte Penal Internacional. Venezuela es Estado Parte del Estatuto de Roma desde el 1 de julio de 2002.

Al término de su evaluación y análisis exhaustivos del conjunto de evidencias, el Panel de Expertos Internacionales Independientes estima que existe fundamento suficiente, que satisface los criterios de prueba contemplados en el Artículo 53 del Estatuto de Roma, para considerar que los actos a los que se ha visto sometida la población civil de Venezuela, que se remontan por lo menos al 12 de febrero de 2014, constituyen crímenes de lesa humanidad, de conformidad con lo que establece el artículo 7 del Estatuto de Roma de la Corte Penal Internacional.

Por consiguiente, el Panel de Expertos Internacionales Independientes recomienda que:

- El Secretario General de la OEA remita este Informe y la evidencia recopilada por la Secretaría General de la OEA a la Oficina de la Fiscal de la Corte Penal Internacional para que ésta abra una investigación de los crímenes presentados en este Informe.
- El Secretario General invite a los Estados Parte en el Estatuto de Roma a que remitan la situación de Venezuela a la Fiscalía de la CPI, y a que pidan a la Fiscal la apertura de una investigación sobre los crímenes de lesa humanidad que se recogen en este Informe, de conformidad con lo que establece el Artículo 14 del Estatuto de Roma.

El presente Informe se divide en dos partes. La Parte I fue redactada por la Secretaría General de la OEA, sobre la base de los testimonios de los testigos que comparecieron en tres rondas de audiencias públicas organizadas por la Secretaría General; de las declaraciones de las víctimas y los familiares de las víctimas presentadas a la Secretaría General, así como de documentos escritos y otras evidencias enviadas por diversas organizaciones no gubernamentales venezolanas e internacionales, y por organizaciones intergubernamentales; se ha utilizado además información públicamente disponible.

La Parte II del Informe fue redactada por el Panel de Expertos Internacionales Independientes, y en ella se presenta una evaluación jurídica de los méritos para remitir la situación en Venezuela a la Corte Penal Internacional. Se expone el análisis meticuloso e imparcial realizado por el Panel de la información y las evidencias contenidas en la Parte I del Informe, así como de otros documentos recopilados y evaluados por el Panel, y se incluye un examen de la jurisprudencia y los precedentes internacionales pertinentes. En la Parte II, Capítulo I, se plantean los antecedentes y las consideraciones preliminares del Panel para abordar este proceso. En la Parte II, Capítulo II, se analiza la jurisprudencia internacional pertinente y se evalúan los requisitos, incluidas las cuestiones de jurisdicción de la CPI, admisibilidad, los elementos contextuales de los crímenes de lesa humanidad, y los actos propiamente dichos. En la Parte II, Capítulo III, se recogen las conclusiones finales del Panel.

Se debe precisar que ni el Panel ni la Secretaría General tienen facultades de investigación ni la posibilidad de llevar a cabo misiones sobre el terreno en el territorio en cuestión para realizar consultas con las autoridades nacionales, las víctimas, las organizaciones de la sociedad civil u otras partes interesadas. Asimismo, se debe señalar que se han omitido ciertas secciones de la versión disponible públicamente de este Informe en aras de proteger la identidad de algunas víctimas, y/o la de sus familiares, que temen las represalias a las que se expone por dar a conocer los crímenes y tropelías que han denunciado.

La Parte I, Capítulo I, comienza con una introducción a la crisis económica, social, política y jurídica que atraviesa Venezuela, y explica la fundamentación para la preparación de este Informe. Se presenta también una visión general de las autoridades institucionales de esta iniciativa, y se describe en detalle el proceso concebido por la Secretaría General para analizar si en Venezuela se han cometido crímenes de lesa humanidad. En la Parte I, Capítulo II, se presenta un resumen de los testimonios de 26 testigos, que prestaron declaración en cinco audiencias públicas organizadas por la Secretaría General de la OEA en septiembre, octubre y noviembre de 2017. Los testigos incluían: víctimas; representantes de la sociedad civil; exfuncionarios públicos, incluso representantes de la judicatura; militares; políticos; legisladores y otras personas directamente afectadas por la situación actual. Los testimonios pusieron de manifiesto un patrón de ataques generalizados y sistemáticos contra la oposición, identificada como todo aquel que exprese puntos de vista que discrepan de la ideología del Gobierno Bolivariano en Venezuela. Los testigos expusieron sus experiencias respecto de los asesinatos, la tortura, la encarcelación, la persecución y otros actos inhumanos contra la población civil y, en particular, contra quienes exigen el respeto de los derechos civiles, políticos y económicos y el retorno al orden constitucional en Venezuela.

En la Parte I, Capítulo III, se describe el desarrollo de una política que ha convertido al país en un teatro de operaciones militares. La oposición, o las personas identificadas como tales, han sido calificadas de "enemigo interno" del Estado; debido a ello, grandes segmentos de la población civil son objeto de las medidas de represión que llevan a cabo las fuerzas regulares militares, paramilitares y de seguridad que operan de manera coordinada para "defender la Revolución Bolivariana". En la Parte II, Capítulo II, Sección b (1), el Panel de Expertos Internacionales Independientes aborda los elementos contextuales de los crímenes de lesa humanidad, en particular la índole de los ataques dirigidos contra la población civil, en cumplimiento o de conformidad con la política de un Estado u organización. El Panel ha llegado a la conclusión de que, al menos desde el 12 de febrero de 2014, teniendo en cuenta los métodos empleados por las fuerzas de seguridad, se han llevado a cabo ataques sistemáticos y generalizados contra la población civil en Venezuela con arreglo a una política del Estado encaminada a la supresión de los puntos de vista y las opiniones de las personas que se muestran en desacuerdo con el Gobierno de Nicolás Maduro.

En la Parte I, capítulos IV al IX, se abordan los actos específicos que deben considerarse respecto de los elementos de los crímenes de lesa humanidad, de conformidad con lo que establece el Artículo 7 del Estatuto de Roma. La Secretaría General ha recopilado una gran cantidad de pruebas que describen los pormenores de los atropellos generalizados, incluidos los crímenes de asesinato (inciso a); encarcelación (e); tortura (f); violación y otras formas de violencia sexual (g); persecución (h), y desaparición forzada de personas (i). En cada capítulo se presentan ejemplos seleccionados de casos e incidentes que demuestran el patrón generalizado y sistemático de los crímenes cometidos por el Gobierno, que se enmarcan en un plan general encaminado a reprimir y eliminar la oposición política en el país.

El Panel de Expertos Internacionales Independientes presenta su análisis de esos crímenes y de la información recopilada en la Parte II, Capítulo II, Sección (b). En ésta se aborda la cuestión de la jurisdicción *ratione materiae*; se examina cada uno de los delitos descritos en la Parte I del Informe; se evalúan los elementos de cada crimen, se analiza la situación en Venezuela, y se destacan casos de estudio emblemáticos.

En la Parte I, Capítulo IV, se aborda el uso del asesinato como instrumento de la represión sistemática que lleva a cabo el Gobierno. Se identifica a los autores de tales hechos como miembros de las fuerzas de seguridad, tanto del Estado como regionales, y por grupos paramilitares partidarios del Gobierno, conocidos comúnmente como colectivos, que operan de manera coordinada. El Informe identifica a 131 víctimas de asesinatos que tuvieron lugar durante las protestas de 2014 y 2017, perpetrados por miembros de las fuerzas de seguridad del Estado y/o los colectivos. Las tácticas utilizadas demuestran claramente un patrón con la intención de matar, evidenciado por el punto en que se propinó el golpe mortal (órganos vitales, en particular, disparos a la cabeza y el cuello); el uso de municiones, tanto modificadas como vivas, y la corta distancia a la que se perpetraron esos actos. Por otra parte, desde 2015 se han registrado más de 8.292 ejecuciones extrajudiciales, que en muchos casos son resultado de allanamientos ilegales y violentos de viviendas realizados por los diferentes cuerpos de seguridad, que fingen que han ocurrido falsos enfrentamientos para así racionalizar las ejecuciones sumarias de las víctimas que, por lo general, son hombres jóvenes. Esta cifra alarmante demuestra aún mas el carácter sistemático y generalizado del crimen de asesinato. La cifra fue proporcionada por la ex Fiscal General Luisa Ortega Díaz, y corresponde al período de 2015 a junio de 2017. Para la fecha de publicación de este Informe, es probable que la cifra sea mucho más elevada.

En la Parte II, Capítulo II, Sección b(2)(i), el Panel de Expertos Internacionales Independientes presenta el examen de las pruebas que documentan docenas de asesinatos y miles de ejecuciones extrajudiciales atribuibles a las fuerzas de seguridad del Estado y/o sus colaboradores paramilitares como parte de un ataque generalizado o sistemático contra la población civil, especialmente contra miembros de la oposición o contra personas identificadas como opositores, o con el fin de ejercer control social sobre la población civil, con arreglo a una política de Estado. El Panel, consciente de la magnitud de los asesinatos y del contexto en el que han ocurrido, estima que hay pruebas suficientes que permiten afirmar que en Venezuela se ha cometido el crimen de lesa humanidad de asesinato, de conformidad con lo que establece el Artículo 7(1)(a) del Estatuto de Roma.

En la Parte I, Capítulo V, se aborda el uso generalizado de la tortura contra los detenidos. Los atropellos van desde el empleo de tortura blanca y otras formas de tortura psicológica, hasta brutales golpizas que a menudo provocan daños físicos graves que por lo general no reciben atención médica; tortura sexual; el someter a los detenidos a posiciones estresantes; las descargas eléctricas (incluso en los genitales); las quemaduras; el empleo de gas lacrimógeno; el dar comida podrida, o comida mezclada con fragmentos de vidrio o de excrementos, y, en algunos casos, el mantener a los detenidos sin comida ni agua. Por lo general, la tortura ocurre durante períodos prolongados y se repite a lo largo del tiempo. Entre las víctimas se cuentan personas de todas las edades, incluso menores, sin que se tengan en cuenta las enfermedades mentales o físicas preexistentes. Se observa el empleo sistemático de los mismos instrumentos y técnicas en las instalaciones de todo el país, lo que demuestra una política de atropellos; parecería que las fuerzas de seguridad siguen el mismo manual o guía en lo que refiere al trato de los reclusos.

En la Parte II, Capítulo II, Sección b (2)(iii), se exponen las pruebas documentales recibidas por el Panel de Expertos Internacionales Independientes respecto de cuando menos 289 casos de tortura en que se infligió grave sufrimiento físico y mental como parte de una política estatal generalizada o sistemática dirigida principalmente contra oponentes del régimen o contra personas consideradas opositores del régimen. El Panel estima que existe fundamento razonable que permite afirmar que en Venezuela se ha cometido el crimen de lesa humanidad de tortura, de conformidad con lo que establece el Artículo 7(1)(f) del Estatuto de Roma. Asimismo, el Panel estima que esos actos de tortura han sido perpetrados bajo el control o la custodia del Estado, en particular por los agentes torturadores. Esos actos no ocurrieron de manera espontánea o aislada, sino que respondían a una política determinada del Gobierno de Venezuela mediante actos dirigidos por las autoridades de más alto nivel del Estado, que establecían claramente patrones sistemáticos de acción.

En la Parte I, Capítulo VI, se analiza la violencia sexual utilizada contra detenidos de ambos sexos. Los casos registrados incluyen el uso de tortura sexual, incluido el desnudamiento forzado; las amenazas de violación; el manoseo inapropiado; los actos lascivos; las descargas eléctricas en los genitales y los senos de las víctimas, y la violación de los detenidos, que han tenido lugar en ámbitos públicos y privados. En vista de la historia de impunidad que ha acompañado a la violencia sexual en Venezuela, el Informe destaca que la investigación de las torturas y los atropellos perpetrados contra las víctimas debe considerar también la índole sexual de esos actos, reconociéndolos como un delito distinto. Los informes recibidos por la Secretaría General demuestran el fuerte estigma que en muchos casos experimentan las víctimas de violencia sexual, lo que hace suponer que es probable que el número de incidentes de violación y otras formas de violencia sexual hayan sido mucho más elevados que los casos registrados.

En la Parte II, Capítulo II, Sección b(2)(iv), el Panel de Expertos Internacionales Independientes examinó considerable evidencia de un patrón de violencia sexual contra las mujeres, incluido un patrón de violación y violencia sexual contra personas que se encontraban bajo custodia del Estado. El Panel examinó también la jurisprudencia pertinente y determinó que existe un fundamento razonable que permite afirmar que en Venezuela se dan los elementos del delito de violación tipificado por la CPI y que, por lo tanto, en Venezuela se han cometido crímenes de lesa humanidad de violación y cualquier otra forma de violencia sexual, de conformidad con lo que establece el Artículo 7(1)(g) del Estatuto de Roma. Por otra parte, el Panel estima que esas violaciones y/o actos de violencia sexual formaban parte de un tipo específico de tortura en el que los perpetradores tenían plena conciencia de que su conducta formaba parte de un ataque generalizado y sistemático dirigido contra el grupo identificado como opositores políticos.

Más de 12.000 venezolanos han sido detenidos arbitrariamente desde la elección del Presidente Maduro en 2013, lo que arroja una media de unas siete personas al día, todos los días desde su elección. En la Parte I, Capítulo VII, se detalla el uso de la detención arbitraria o la privación grave de la libertad física, tanto en gran escala como a personas específicas, con el fin de atemorizar y silenciar a la población. El número de presos políticos en Venezuela es el más elevado desde la dictadura militar de la década de 1950; en el momento álgido de las protestas de 2017 había 676 presos políticos. Después de estabilizarse en torno a 220 en los primeros cuatro meses de 2018, el número de presos políticos se disparó en las semanas previas a las fraudulentas elecciones presidenciales del 20 de mayo de 2018. Al 13 de mayo de 2018, había 338 presos políticos tras las rejas. Desde 2013, ha habido más de 1.300 presos políticos. Los centros de detención funcionan de manera autónoma, y habitualmente se ignoran las órdenes de liberación de los presos emitidas por los tribunales. Se han presentado también pruebas que revelan la complicidad criminal de jueces y fiscales al ordenar esos arrestos arbitrarios, encarcelaciones y privaciones de libertad.

En la Parte II, Capítulo II, Sección b(2)(ii), citando las pruebas presentadas por la Secretaría General, así como las aportadas por el Grupo de Trabajo de las Naciones Unidas sobre la Detención Arbitraria y otras fuentes, el Panel de Expertos Internacionales Independientes llega a la conclusión de que hay motivos razonables que permiten afirmar que los más de 12.000 actos de detención arbitraria, encarcelación o privación grave de la libertad física registrados en Venezuela desde 2013, en violación de las reglas fundamentales del derecho internacional y de todos los cánones internacionales del debido proceso, si bien están dirigidos sistemáticamente y de forma generalizada contra opositores del régimen o contra personas sospechosas de ser "enemigos del Estado", constituyen el crimen de lesa humanidad de encarcelación u otra privación grave de la libertad física, de conformidad con lo que establece el artículo 7(1)(e) del Estatuto de Roma. Por otra parte, estima que esos actos, para los que no existe fundamento jurídico, no tuvieron lugar de manera espontánea o aislada, sino que son reflejo de la política establecida por el Gobierno de Venezuela mediante acciones dirigidas por las más altas autoridades del Estado.

Asimismo, tras examinar un patrón creciente de desapariciones forzadas, en que la víctima en cuestión es secuestrada y mantenida incomunicada por períodos que van desde varios días hasta por tiempo indefinido, y en que, con excesiva frecuencia, los familiares logran enterarse del destino de sus seres queridos solo a través de canales informales, el Panel ha determinado también, como se recoge en la Parte II, Capítulo II, Sección b(2)(iv), que las desapariciones forzadas de opositores políticos o de personas consideradas opositores políticos constituyen crímenes de lesa humanidad de desaparición forzada de personas, de conformidad con lo que establece el Artículo 7(1)(i) del Estatuto de Roma.

En La Parte I, Capítulos VIII y IX, se abordan en detalle las diversas formas de persecución utilizadas para atacar a la oposición política, o a quienes meramente intentan ejercer sus derechos políticos. Se examina el lenguaje que demoniza a los opositores del Gobierno, la politización del sistema de justicia que ha convertido a los tribunales en instrumentos del Poder Ejecutivo para criminalizar el activismo político y para separar de sus cargos a políticos elegidos democráticamente y excluirlos de la vida pública. Asimismo, se analizan las acciones del Gobierno encaminadas a eliminar el derecho a la libre expresión y a la libre circulación, recurriendo a la violencia y al uso excesivo de la fuerza, incluidas las redadas ilegales, con el fin de amordazar a sus críticos. El Régimen no establece diferencias: son objeto de sus ataques tanto líderes políticos como niños y personas con discapacidad. El Régimen ha llegado incluso a utilizar como arma política la crisis humanitaria resultado de su actuación, y ha politizado el acceso a los pocos alimentos y artículos de primera necesidad disponibles, distribuyendo alimentos a sus partidarios y restringiendo su suministro a quienes no apoyan al Gobierno. El impresionante éxodo de venezolanos que se ven forzados a abandonar el país en busca de alimentos, atención médica, empleos y seguridad es utilizado por el Régimen para hacer salir del país a un mayor número de críticos y opositores, con el fin de eliminar las voces de la disidencia y permitir al Presidente Maduro consolidar aún más su control indiscutido del poder, desestabilizando así la paz y la seguridad de la región.

Como se recoge en la Parte II, Capítulo II, Sección b(2)(v), el Panel de Expertos Internacionales Independientes ha determinado que la magnitud de la persecución política ha aumentado drásticamente en los últimos años (desde febrero de 2014 hasta la fecha). El delito de persecución por motivos políticos ha estado presente en todos los crímenes de lesa humanidad plasmados en este Informe, e invocando las violaciones de los derechos a la vida, la libertad personal y la integridad personal. El Panel examinó también las violaciones de los derechos fundamentales que no se analizaron como parte de esos delitos, a saber: lesiones, intimidación y detrimento del derecho a la salud y la alimentación debido a la utilización de la crisis humanitaria como arma para fines políticos. El Panel estima que existe fundamento razonable que permite afirmar que en Venezuela se dan los elementos del delito de lesa humanidad de persecución fundada en motivos políticos, de conformidad con lo que establece el artículo 7(1)(h) del Estatuto de Roma.

El Panel estima que la privación de los derechos fundamentales de que han sido objeto las víctimas de la persecución política en Venezuela forma parte de un ataque generalizado y sistemático y corresponde a la definición de varios crímenes de lesa humanidad establecidos en el Artículo 7 del Estatuto de Roma, a saber: asesinato; encarcelación; tortura; violación o violencia sexual, y desaparición forzada de personas. Asimismo, estima que la conducta delictiva ha sido dirigida contra un grupo de personas con identidad propia fundada en motivos políticos.

Por otra parte, el Panel ha evaluado la información presentada respecto de la crisis humanitaria y estima que la utilización de la crisis como instrumento de política para presionar a un segmento de la población que está en la oposición, o que es considerada opositora al Régimen, así como la negación de la crisis por parte del gobierno y su negativa de aceptar asistencia humanitaria, constituye múltiples violaciones de derechos fundamentales, como el derecho a la vida; el derecho a la integridad personal; el derecho a la salud, y el derecho a la alimentación, y que por consiguiente se trata de un delito de persecución fundada en motivos políticos, comprendido en el ámbito de actuación del Panel.

En la Parte I, Capítulo X, se detalla el ataque en contra del estado de derecho y la total ausencia de justicia en Venezuela. Se aborda la falta de independencia del poder judicial, incluida la manipulación del proceso de nombramientos judiciales y el desconocimiento de la inamovilidad de los magistrados, así como el hostigamiento directo y la intimidación de los jueces. Asimismo, se presentan ejemplos específicos de la politización del proceso judicial: la repetida utilización del Tribunal Supremo de Justicia para subvertir el proceso democrático; el hostigamiento sufrido por la ex Fiscal General, y el uso de los tribunales militares para reprimir a civiles. Se describe también la participación directa del aparato de seguridad del Estado en el asesinato y la tortura de civiles por motivos políticos.

En la Parte II, Capítulo II, Sección B, el Panel aborda los principios de admisibilidad, complementariedad, e interés de la justicia. Las pruebas examinadas en este Informe demuestran que la ingente agresión al estado de derecho en Venezuela, que incluye ataques generalizados y sistemáticos y la persecución del poder judicial y el sistema de administración de justicia en su conjunto, ha dado al traste con toda apariencia de independencia del sistema de justicia y del poder judicial, y ha puesto fin a la capacidad de participar en todo procedimiento legal genuino destinado a investigar los crímenes de lesa humanidad expuestos en este Informe. Específicamente, el Panel destaca la ausencia de justicia, y señala las enormes tasas de impunidad, así como la prolongada falta de independencia e imparcialidad del poder judicial en Venezuela. Asimismo, el Panel estima que, debido a la politización de la judicatura, que alcanza a los más altos niveles, la función del poder judicial ha quedado relegada a brindar impunidad a los altos cargos y a las autoridades del Estado por sus violaciones de los derechos humanos y crímenes de lesa humanidad.

En consecuencia, no es dable invocar y aplicar el principio de complementariedad contemplado en el Estatuto de Roma. Además, y tal como se expone con mayor lujo de detalles en este Informe, los crímenes de lesa humanidad generalizados y sistemáticos documentados en el mismo satisfacen plenamente los requisitos relativos a la gravedad contemplados en el Estatuto de Roma.

Finalmente, no hay motivos que justifiquen, en "interés de la justicia", la necesidad de retrasar una investigación de esos crímenes, que son ya objeto de una investigación preliminar iniciada en febrero de 2018 por la Oficina de la Fiscal de la CPI.

En conclusión, habiendo recibido y evaluado un volumen considerable de información de diferentes fuentes, el Panel estima que existe fundamento suficiente que permite afirmar que en Venezuela se han cometido crímenes de lesa humanidad, de conformidad con lo que establece el Artículo 7 del Estatuto de Roma.

El Panel recomienda que el Secretario General de la OEA remita este Informe y la evidencia recopilada por la Secretaría General a la Oficina de la Fiscal de la Corte Penal Internacional para su investigación. Asimismo, el Panel recomienda que el Secretario General de la OEA invite a los Estados Parte del Estatuto de Roma a que soliciten la apertura de una investigación sobre los crímenes de lesa humanidad expuestos en este Informe, y a que remitan a la Fiscal de la Corte Penal Internacional la situación en Venezuela, que es un Estado Parte de la Corte, todo de conformidad con el Artículo 14 del Estatuto de Roma.

(Omissis)

III. CONCLUSIÓN

Al término de su evaluación y análisis exhaustivos del conjunto de la información y las evidencias, este Panel de Expertos Internacionales Independientes estima que existe fundamento suficiente, que satisface los criterios de prueba contemplados en el Artículo 53 del Estatuto de Roma, para considerar que los actos a los que se ha visto sometida la población civil de Venezuela, que se remontan por lo menos al 12 de febrero de 2014, constituyen crímenes de lesa humanidad, de conformidad con lo que establece el artículo 7 del Estatuto de Roma de la Corte Penal Internacional, incluyendo los crímenes de asesinato, encarcelación, tortura, violación y otras formas de violencia sexual, persecución y desapariciones forzadas, descritos ampliamente en este informe.

Por consiguiente, este Panel de Expertos Internacionales Independientes recomienda que:

- El Secretario General de la OEA remita este Informe y la evidencia recopilada por la Secretaría General de la OEA a la Oficina de la Fiscal de la Corte Penal Internacional.
- El Secretario General invite a los Estados Parte en el Estatuto de Roma a que remitan la situación de Venezuela a la Fiscalía de la CPI, y a que pidan a la Fiscal la apertura de una investigación sobre los crímenes de lesa humanidad que se recogen en este Informe, de conformidad con lo que establece el Artículo 14 del Estatuto de Roma.

El Panel recopiló la información disponible producida por la Secretaría General de la OEA, organismos internacionales y regionales de derechos humanos, ONGs internacionales y nacionales, así como la información recibida en las audiencias públicas celebradas a tal efecto por la Secretaría General de la

OEA y la información complementaria que presentaron directamente a este Panel ONGs, las personas que prestaron testimonio en las audiencias y otros particulares.

Vale recordar que este Panel no contó con poderes de investigación o la posibilidad de realizar misiones en el territorio para realizar consultas con las autoridades nacionales, víctimas, organizaciones de la sociedad civil u otros actores interesados.

Sin embargo, este panel pudo tomar conocimiento de la existencia de por lo menos 131 asesinatos cometidos contra personas que participaban en manifestaciones y donde el perpetrador del crímen ha sido identificado como un miembro del aparato de seguridad del Estado y/o de los colectivos, y de por los menos 8.292 casos de ejecuciones extrajudiciales, cometidos como parte de un ataque sistemático y generalizado contra la población civil, especialmente contra miembros de la oposición o personas identificadas como tales, cumpliendo así los elementos contextuales necesarios para ser considerado asesinatos en los términos del Artículo 7(1)(a) del Estatuto de Roma.

Asimismo, se recibió información de más de 12.000 detenciones arbitrarias, de por lo menos 289 casos de tortura y 192 casos de violaciones a personas bajo el control del Estado y un número de desapariciones forzadas. Miles de personas han sido perseguidas, cifra que aumenta hasta cientos de miles, sino millones, si se incluye las víctimas de privación deliberada de alimentos y medicinas. En todos estos crímenes, el Panel comprobó la existencia de un evidente nexo de persecución por motivos políticos.

Quedó demostrado que todos estos actos criminales se cometieron como parte de un ataque generalizado y sistemático contra el segmento de la población civil integrado por opositores políticos o identificados como tales y que las personas que los cometieron tenían conocimiento de dicho ataque. La sistematicidad del ataque se evidencia en que los actos de violencia no ocurrieron en forma aislada, sino que fueron planeados y organizados siguiendo un patrón de violencia contra la población civil1279. Al mismo tiempo, el elemento de ataque generalizado se confirma en que el ataque fue en gran escala y masivo, dirigido contra una multiplicidad de víctimas, si tomamos en cuenta las evidencias sobre la cantidad de personas perseguidas, encarceladas, desaparecidas, torturadas, y/o violadas o que sufrieron violencia sexual, documentadas en este Informe. Asimismo, la generalidad se evidencia en la multiplicidad de fuerzas que participaron del ataque y que el mismo se dio en la mayoría de los estados del territorio venezolano.

En el preámbulo del Estatuto de Roma se recuerda que es "deber de todo Estado ejercer su jurisdicción penal contra los responsables de crímenes internacionales" y se dispone que la CPI "será complementaria de las jurisdicciones penales nacionales." Sin embargo, tal como lo establece la Fiscalía, "cuando los sistemas nacionales permanecen inactivos o de otro modo carecen de la voluntad o la capacidad de investigar y enjuiciar de manera auténtica, la CPI debe colmar el vacío que deja el incumplimiento de su deber por parte de los Estados1280.

Este Panel tuvo por cumplido el requisito de complementariedad ante el fuerte ataque en contra del estado de derecho y del sistema de justicia, incluyendo la complicidad criminal de jueces y fiscales, y la impunidad total frente a los crímenes de lesa humanidad cometidos por las altas autoridades del Régimen, el aparato de seguridad del Estado y los colectivos; todo ello como parte de un ataque sistemático y generalizado en contra de la población civil. Aparte de la inexistencia de justicia, este Panel encontró una falta absoluta de independencia e imparcialidad en el Poder Judicial que vienen denunciando hace años diferentes Organismos Internacionales en relación a Venezuela.

Asimismo, este Panel considera de fundamental importancia que la Fiscalía en primer lugar, y eventualmente la CPI, tenga en cuenta el *corpus juris* internacional regional para evaluar la sistematicidad, generalidad y gravedad de los hechos evaluados por este Panel. El objetivo de la CPI de poner fin a la impunidad por los crímenes más graves de trascendencia para la comunidad internacional, y contribuir así a la prevención de nuevos crímenes (como se afirma en el Preámbulo del Estatuto de Roma), solo se podrá alcanzar teniendo en cuenta el contexto político y jurídico regional.

Los mecanismos regionales de protección internacional, tanto judiciales, como cuasi judiciales y políticos, han buscado por diferentes medios ponerle fin a las graves violaciones a los derechos humanos y crímenes de lesa humanidad. Sin embargo, la criminalidad y la impunidad continúan, profundizando la grave situación en la que se encuentran los venezolanos, privándolos de sus derechos fundamentales a la vida, la libertad, la salud, la dignidad, y a ser protegidos contra la persecución. Frente a la inexistencia de mecanismos nacionales eficientes, y la dificultad en la que se encuentran los mecanismos regionales para ponerle fin a las graves violaciones a los derechos humanos y crímenes de lesa humanidad en Venezuela, la Fiscalía de la Corte Penal Internacional y la CPI, han pasado a ser la última instancia internacional para lograr la justicia, ponerle fin a la impunidad en Venezuela y evitar la repetición de tan graves hechos que ofenden la conciencia de la comunidad internacional

INFORME DE PAÍS DE LA COMISIÓN INTERAMERICANA DE DERECHOS HUMANOS SOBRE LA SITUACIÓN DE LOS DERECHOS HUMANOS EN VENEZUELA: INSTITUCIONALIDAD DEMOCRÁTICA, ESTADO DE DERECHO Y DERECHOS HUMANOS EN VENEZUELA (OEA/SER.L/V/II. / DOC. 209)

31 de diciembre de 2017

RESUMEN EJECUTIVO

1. La Comisión Interamericana de Derechos Humanos (CIDH) presenta su informe de país *Institucionalidad Democrática, Estado de Derecho y Derechos Humanos en Venezuela*, tercer informe sobre la situación de los derechos humanos de la República Bolivariana de Venezuela (Venezuela). La decisión de elaborar el presente informe se relaciona con el serio deterioro de la vigencia de los derechos humanos, y la grave crisis política, económica y social que atraviesa el país en los últimos dos años y en especial en el 2017.

2. En el presente informe, la Comisión Interamericana aborda la situación de los derechos humanos en Venezuela, analizando el impacto que ha tenido en ellos el importante debilitamiento de la institucionalidad democrática, así como el

alarmante incremento de la represión, violencia e inseguridad ciudadana. En este contexto, examina la situación de los derechos políticos, la libertad de expresión, la protesta social, y los derechos económicos, sociales, culturales y ambientales. De manera transversal, la CIDH analiza las afectaciones específicas que personas, grupos y colectivos enfrentan por su condición de mayor riesgo, y discriminación y exclusión históricas, tales como mujeres; niñas, niños y adolescentes (NNA); personas adultas mayores; defensores y defensoras de derechos humanos; personas privadas de libertad; migrantes, refugiados y personas en similar situación; entre otros. A partir de ello, brinda recomendaciones al Estado para mejorar la protección y garantía de los derechos humanos.

3. El análisis de la situación de los derechos humanos en el Estado venezolano, se realiza a partir de la información recibida a través de sus diversos mecanismos de protección durante los últimos dos años, con énfasis en el 2017. Además, con ocasión de la elaboración del informe, la CIDH solicitó información tanto a organizaciones de la sociedad civil como al Estado, las cuales son fuentes fundamentales para este informe. Esta información le permite a la CIDH conocer la situación de derechos, la misma que es analizada con base en las obligaciones internacionales aplicables a Venezuela. El presente informe consta de los siguientes cuatro ejes principales, que representan las preocupaciones centrales de la CIDH respecto de Venezuela: (i) institucionalidad democrática; (ii) protesta social y libertad de expresión; (iii) violencia y seguridad ciudadana; y (iv) derechos económicos sociales, culturales y ambientales (DESCA).

4. El presente informe refleja la indivisibilidad e interdependencia que existe entre las afectaciones registradas en Venezuela a los derechos civiles, políticos, económicos, sociales, culturales y ambientales. Tales derechos constituyen un todo

indisoluble, por lo que si bien los DESCA son abordados en el informe de manera separada, la CIDH recuerda que la vigencia efectiva de la democracia en todo Estado, requiere como presupuesto indispensable el ejercicio pleno de todos los derechos y libertades fundamentales de sus habitantes.

5. Este año, la CIDH decidió la incorporación de Venezuela en el Capítulo IVB de su Informe Anual para 2017 de conformidad con el artículo 59 de su Reglamento. Conforme a lo anterior, la Comisión considera que la situación de Venezuela se enmarca en los incisos 6.a.i; 6.a.ii; 6.b; y 6.d.i de dicho artículo, el cual establece los siguientes criterios:

a. una violación grave de los elementos fundamentales y las instituciones de la democracia representativa previstos en la Carta Democrática Interamericana, que son medios esenciales para la realización de los derechos humanos, entre ellos:

   i. si hubiera acceso discriminatorio o un ejercicio abusivo del poder que socave o contraríe el Estado de Derecho, tales como la infracción sistemática de la independencia del Poder Judicial o la falta de subordina-ción de las instituciones del Estado a la autoridad civil legalmente constituida;

   ii. si se hubiera producido una alteración del orden constitucional que afecte gravemente el orden democrático; [...]

b. la suspensión ilegítima, total o parcial, del libre ejercicio de los derechos garantizados en la Declaración Americana o la Convención Americana, en razón de la imposición de medidas excepcionales tales como la declaratoria de un estado de emergencia, de un estado de sitio, la suspensión de garantías constitucionales, o medidas excepcionales de seguridad. [...] situaciones coyunturales o estructurales, que estén presentes en Estados que por diversas razones enfrenten situaciones que afecten seria y gravemente el goce y disfrute de los derechos fundamentales, consagrados en la Convención Americana o en la Declaración Americana. Este criterio incluye, por ejemplo: situaciones graves de violencia que dificultan el funcionamiento adecuado del Estado de Derecho; graves crisis institucionales; procesos de reforma institucional con graves incidencias negativas para los derechos humanos; u omisiones graves en la adopción de disposiciones necesarias para hacer efectivos los derechos fundamentales.

c. gravemente el goce y disfrute de los derechos fundamentales consagrados en la Declaración Americana, la Convención Americana o los demás instrumentos de derechos humanos aplicables. Entre otros factores a ponderar, estarán los siguientes:

   i. graves crisis institucionales que infrinjan el disfrute de derechos humanos; [...]

6. El 21 de noviembre de 2017, la CIDH transmitió al Estado una copia del borrador preliminar de este informe de acuerdo con el artículo 60 inciso a de su Reglamento, y le solicitó que remitiera sus observaciones dentro de un plazo improrrogable de un mes. La CIDH también informó en dicha comunicación al Estado de la inclusión del resumen ejecutivo del informe en el Capítulo IV.B del Informe Anual de 2017, aprobado por la CIDH de conformidad con los artículos 59.7 y 59.10 de su Reglamento.

7. El Estado presentó su respuesta el 21 de diciembre de 20172, en la cual expresa "que el proyecto de Informe de País presenta una visión selectiva y altamente parcializada sobre la verdadera situación de derechos humanos de la República Bo-

livariana de Venezuela, que contradice los principios que deben regir el tratamiento de los asuntos de derechos humanos". El Estado considera que "en gran parte, esta distorsionada visión del proyecto de Informe es el resultado de las importantes debilidades presentes en la metodología utilizada para su elaboración" y que "en este proyecto se privilegian excesivamente las fuentes carentes de objetividad y se excluye casi en su totalidad la información oficial, a pesar de toda la documentación y elementos aportados por el Estado a la Comisión durante este año 2017, a través de los diversos mecanismos disponibles".

8. El Estado a su vez considera que "no están dadas las condiciones exigidas por la normativa interamericana para que Venezuela sea incluida dentro del Capítulo IV.B del Informe Anual de la CIDH. Por ello, el Gobierno venezolano rechaza su incorporación dentro del citado capítulo y toma nota del ofrecimiento realizado por la Comisión [para la realización de una visita al país], pero destaca que no resulta posible aceptar ningún mecanismo que lleve al Estado venezolano a convalidar su arbitraria inclusión en el mencionado Capítulo IV.B del Informe Anual 2017"5. Por otra parte, el Estado ratificó su disposición "de sostener un diálogo constructivo con la CIDH a los fines de seguir avanzando en el cumplimiento de sus obligaciones internacionales, con base en el estricto respeto de los principios que deben regir el tratamiento de los asuntos de derechos humanos, incluyendo los principios de universalidad, objetividad, imparcialidad y no selectividad.

9. El Estado concluye destacando que:

> La República Bolivariana de Venezuela es un Estado Constitucional democrático y social, de Derecho y de Justicia, caracterizado por una vibrante democracia participativa y protagónica que asume el respeto y garantía de los

derechos humanos como valor fundamental. Al igual que el resto de los países de la región, en materia de derechos humanos Venezuela tiene fortalezas y desafíos. No obstante, ningún análisis objetivo y no selectivo lleva a concluir que la situación de derechos humanos de República Bolivariana de Venezuela merezca una atención distinta al resto de los Estados partes de la Organización de Estados Americanos.

10. Las observaciones del Estado han sido incluidas en el presente informe en la medida de lo pertinente. La Comisión aprobó este informe el 31 diciembre de 2017.

A *Institucionalidad democrática*

11. Desde hace varios años, la CIDH ha venido observando un paulatino deterioro en la institucionalidad democrática y la situación de derechos humanos en Venezuela que se ha profundizado e intensificado significativamente a partir del 2015. Como analiza la CIDH en el presente informe, se trata de una problemática compleja que tiene sus raíces en la injerencia del Poder Ejecutivo en los otros poderes públicos. Esta inobservancia del principio de separación de poderes se refleja de manera particularmente grave en la preocupante actuación del Poder Judicial, en especial en los dos últimos años. En efecto, el agravamiento de la crisis reciente en Venezuela se relaciona estrechamente con una serie de decisiones adoptadas por el Tribunal Supremo de Justicia (TSJ), que representaron injerencias en la Asamblea Nacional (AN) y afectaron el principio de separación de poderes. Esta situación se agravó en el 2017 al punto de producirse una alteración del orden constitucional con las Sentencias Nº 155 y 156 emitidas por el TSJ el 28 y 29 de marzo, respectivamente, en las cuales levantó las inmunidades parlamentarias a los diputados de la AN, estableció que sus actos constituyen "traición a la patria", otorgó al Poder

Ejecutivo amplios poderes discrecionales, y se arrogó competencias del Poder Legislativo. Como señaló la CIDH en su momento, tales medidas constituyeron una usurpación de las funciones del Poder Legislativo por parte de los Poderes Judicial y Ejecutivo, así como una anulación de facto del voto popular mediante el cual fueron elegidos los diputados.

12. La alteración del orden constitucional en Venezuela fue posible por una serie de factores que determinan que el país presente, en general, serias deficiencias en su institucionalidad democrática. La falta de independencia del Poder Judicial es, en opinión de la CIDH, un elemento que incide de manera determinante tanto en la injerencia del Poder Ejecutivo en el Judicial, como en la de este último en el Legislativo. A su vez, un factor importante en la falta de independencia son los procesos inadecuados de elección y la ausencia de garantías de permanencia en el cargo de magistrados y magistradas del TSJ, como se observa en este informe. Es por ello que la Comisión considera necesario que se adopten medidas para evitar riesgos a la independencia judicial en la elección, nombramiento y permanencia de los miembros de la máxima instancia judicial en Venezuela. En particular, debe asegurarse que en los procesos de nombramiento se cumpla con la difusión previa de las convocatorias, plazos y procedimientos; la garantía de acceso igualitario e incluyente de candidatos; una amplia participación de la sociedad civil; y la calificación con base en el mérito y capacidades profesionales, y no afinidades políticas.

13. Otro elemento que la CIDH considera causa, en general, la falta de independencia del Poder Judicial en Venezuela es la alta provisionalidad de las y los jueces. Ante ello, el Estado requiere adoptar medidas urgentes y decididas para aumentar significativamente el número de jueces titulares y asegurar que, incluso teniendo carácter provisorio, los jueces no sean removidos sino a través de un proceso disciplinario o acto

administrativo, estrictamente respetuoso de las garantías del debido proceso y especialmente, el deber de debida motivación y acceso a revisión judicial. Además, ante las denuncias de actos de hostigamiento y amenaza contra jueces y juezas con el fin de presionarlos indebidamente en la toma de decisiones, la Comisión llama al Estado a abstenerse de realizar cualquier acto de hostigamiento o intimidación, o cualquier acción que implique una amenaza o presión, directa o indirecta, en el ejercicio de la función judicial. Reitera además el deber del Estado de investigar, juzgar y sancionar a los responsables de tales actos.

15. En cuanto a la AN, la Comisión observa que si bien algunas de las referidas medidas dictadas por el TSJ fueron posteriormente revocadas, continúan existiendo a la fecha serios elementos de injerencia sobre el Poder Legislativo y obstáculos para el ejercicio de sus funciones constitucionales, como el mantenimiento de la condición de desacato; la permanencia de la calificación de "traición a la patria" a las acciones de los diputados de la AN; y el mantenimiento de la autoridad del Presidente de la República para constituir empresas mixtas sin autorización del parlamento y modificar leyes. En ese sentido, la Comisión llama al Estado a adoptar medidas inmediatas y decididas para reestablecer el orden constitucional, y garantizar la separación de poderes y el ejercicio adecuado de las funciones establecidas constitucionalmente a la AN, incluyendo el levantamiento de las medidas señaladas.

16. En ese contexto, el Presidente Nicolás Maduro convocó a una Asamblea Nacional Constituyente (ANC), criticada tanto en su origen y conformación, como en las medidas que tomó una vez instalada, las cuales excedieron su naturaleza y violaron el principio de separación de poderes. Al respecto, la Comisión considera fundamental recordar que, como se observa en este informe, la propia Constitución venezolana y la le-

gislación aplicable establecen que el funcionamiento de dicha Asamblea se rige por ciertos límites dados por valores y principios de la historia republicana de Venezuela, así como por el cumplimiento de los tratados internacionales, acuerdos y compromisos válidamente suscritos por la República. En atención a ello y a los principios fundamentales plasmados en la Carta Democrática Interamericana, la Comisión hace un llamado a revertir las medidas que exceden las competencias de un órgano constituyente, y afectan la separación de poderes y la democracia representativa; y a abstenerse de adoptar decisiones que extralimiten tales competencias.

17. Las injerencias del Poder Judicial y Ejecutivo en el Legislativo han ido acompañadas de la falta de independencia y un inadecuado ejercicio de las funciones de órganos constitucionales esenciales para la vigencia de la democracia, como el Consejo Nacional Electoral (CNE), el Ministerio Público (MP) y la Defensoría del Pueblo (DP). Por ello, la Comisión considera fundamental tomar acciones decididas para asegurar que estos órganos se conduzcan sin interferencias o influencias indebidas de naturaleza política, y cumplan a cabalidad su mandato constitucional, clave para la vigencia del Estado Democrático de Derecho en Venezuela.

18. La CIDH advierte que las denuncias de altos niveles de corrupción en el país, permean aún más la débil institucionalidad estatal. Dado que la impunidad impulsa y perpetúa actos de corrupción, se requiere asegurar que los actos denunciados sean investigados de manera independiente e imparcial, sin demora y sin influencias ni discriminación con base en la pertenencia a determinados partidos políticos o en los cargos ocupados por los investigados. Es necesario también adoptar medidas preventivas, entre las que se encuentra gobernar con base en los principios de publicidad, transparencia y responsabilidad pública efectiva.

18. Los problemas en materia de institucionalidad democrática anteriormente descritos han tenido como consecuencia la existencia de un contexto de impunidad y un impacto profundo en el ejercicio de derechos humanos fundamentales para el régimen democrático, como son los derechos políticos. Es de particular preocupación para la CIDH la situación de estos derechos en Venezuela, cuyo ejercicio se ha visto restringido seriamente a través de múltiples obstáculos. Entre los más recientes se encuentran la suspensión del proceso de referéndum revocatorio al Presidente de la República, la prolongada suspensión de elecciones municipales y regionales, y los recientes graves cuestionamientos sobre ventajismo y fraude en las elecciones regionales del 15 de octubre de 2017.

19. En Venezuela, quienes disienten con el Gobierno sufren serias represalias, como se constata en las frecuentes detenciones y destituciones a alcaldes, gobernadores, diputados y opositores en general. Entre los casos emblemáticos, la CIDH destaca los preocupantes actos cometidos contra Henrique Capriles, Antonio Ledezma y Leopoldo López. En vista de ello, la Comisión reitera que se requiere de manera prioritaria garantizar el pleno ejercicio de los derechos políticos de toda autoridad y de los habitantes en Venezuela, independientemente de su afinidad política; y abstenerse de realizar cualquier acto de hostigamiento, intimidación o criminalización de la disidencia política.

B. *Protesta social y libertad de expresión*

20. Como consecuencia de la crisis política, económica y social en Venezuela, miles de personas se movilizaron, especialmente entre el 1° de abril y el 31 de julio de 2017, en varias ciudades del país en rechazo al Gobierno del Presidente Maduro y las decisiones del TSJ, así como en exigencia de mejores condiciones de vida frente a la alarmante escasez de

alimentos, medicinas y otros bienes esenciales. En este contexto, la Comisión identificó la existencia de serias restricciones y actos estatales que afectaron gravemente el ejercicio del derecho a la protesta social y la libertad de expresión, lo que la llevan a afirmar la existencia de un serio deterioro en la vigencia de estos derechos.

21. Respecto de la protesta social, la CIDH observa la permanencia de un marco normativo incompatible con los estándares interamericanos al mantener la exigencia de autorización previa para la realización de manifestaciones, así como el establecimiento de prohibiciones absolutas al ejercicio de este derecho. Se registró, además, un uso excesivo de armas de fuego directamente contra manifestantes, así como el uso indiscriminado de bombas lacrimógenas. Estas acciones represivas tuvieron un mayor impacto en NNA, mujeres y adultos mayores. Además, en las tareas de control de manifestaciones participaron miembros de las fuerzas armadas, a pesar de que, como ya ha señalado la CIDH a Venezuela, en un sistema democrático es fundamental la separación clara y precisa entre la seguridad interior como función de la policía y la defensa nacional como función de las fuerzas armadas, ya que se trata de dos instituciones sustancialmente diferentes en cuanto a los fines para los cuales fueron creadas, y en cuanto a su entrenamiento y preparación. En atención a ello, el Estado debe cesar la obstaculización del ejercicio legítimo del derecho a la protesta y frenar el uso de la fuerza contra los manifestantes; realizar capacitaciones en materia de uso de la fuerza a los funcionarios encargados de tareas se seguridad; abstenerse de involucrar cualquier otro cuerpo de seguridad distinto al policial en estas actividades; y adoptar medidas normativas para excluir el uso de armas de fuego en protestas sociales.

22. Es inaceptable para la CIDH el número de personas muertas y detenciones producidas en el marco de operativos

para reprimirlas arbitrariamente. Miles de personas fueron detenidas por manifestarse públicamente. La mayoría de estas detenciones se realizaron sin orden judicial ni flagrancia, de camino, durante o luego de una manifestación, o incluso sin participar en ellas, por el simple hecho de ser consideradas como partidarias de la oposición. Resulta alarmante para la Comisión Interamericana que personas detenidas hayan sido sometidas a actos de tortura, otros malos tratos y violencia sexual. El Estado debe llevar a cabo con estricto apego a la debida diligencia y garantías del debido proceso, investigaciones serias que permitan conducir en un plazo razonable, a la determinación de responsabilidades y en su caso, la aplicación de sanciones.

23. Preocupa también la adopción de medidas con el objetivo de desincentivar a la participación en protestas y castigar a quienes participan de éstas. Desde las más altas autoridades de gobierno, se han llevado a cabo declaraciones de estigmatización y hostigamiento en perjuicio de quienes participan en las manifestaciones, líderes políticos de la oposición e, incluso, defensores de derechos humanos. Quienes ejercen legítimamente la movilización y protesta social, han sido también criminalizados a través del inicio de investigaciones y/o procesos judiciales con base en delitos ambiguos, lo cual resulta contrario con una sociedad democrática donde las personas tienen el derecho de manifestar su opinión pacíficamente, sin miedo a ningún tipo de represalia.

24. Es particularmente preocupante para la CIDH que decenas de civiles detenidos en el marco de las manifestaciones estarían siendo procesados y/o juzgados en la jurisdicción penal militar, la cual no cumple con el requisito de independencia e imparcialidad. Además, se imputarían los delitos de "traición a la patria", "rebelión" y "ataque al centinela", en contravención del principio de legalidad. Resulta prioritario

tomar las medidas necesarias, incluyendo las de índole legislativa, para que personas civiles no sean investigadas, procesadas y/o juzgadas por la jurisdicción penal militar y de ser el caso, reconducir procesos en curso a la vía ordinaria.

25. En cuanto al derecho a la libertad de expresión, se documentan severas restricciones a este derecho, que incluyen censura y cierre de medios de comunicación, ataques a periodistas, y en general patrones de hostigamiento y criminalización de quienes emiten opiniones políticas o difunden información que no encuentra aprobación estatal. Estas medidas no responden a un marco normativo compatible con las obligaciones internacionales adquiridas por el Estado venezolano en esta materia y en la práctica, han estado dirigidas al silenciamiento de las voces críticas del actual Gobierno. Su impacto en la democracia venezolana es evidente y merece atención prioritaria.

Violencia y seguridad ciudadana

26. La violencia y criminalidad han ido en aumento en los últimos años, lo que ha afectado la vida diaria de toda la población y ha tenido un impacto mayor en personas, grupos y colectivos históricamente discriminados y en mayor riesgo de vulneración de derechos como las mujeres, los NNA y las personas adultas mayores. Preocupa a la CIDH que la respuesta estatal ante este fenómeno ha estado marcada por la militarización de la seguridad ciudadana y el involucramiento de civiles en tareas de seguridad, en particular a través de la implementación de la Operación Liberación del Pueblo (OLP) y el Plan Zamora (PZ). Según la información recibida, ello habría impactado en el aumento sostenido de las ejecuciones extrajudiciales, registrándose en 2015, 37% más casos que el 2014; y en 2016, 70% más que el año anterior9. Otra fuente estimó que en 2017 Venezuela registró 89 muertes violentas por casa

100.000 habitantes y un total de 26.616 fallecidos en todo el territorio nacional10. De otro lado, de acuerdo a cifras oficiales, en el 2016 se produjeron 21.752 homicidios dolosos o intencionales, alcanzándose una tasa de 70,1 muertes violentas por cada cien mil habitantes.

27. La Comisión considera indispensable y prioritario eliminar la participación de las fuerzas armadas en las actividades de seguridad ciudadana, que son de competencia de los cuerpos policiales. Asimismo, se deben adoptar medidas para asegurar que el uso de la fuerza letal se dé en estricto cumplimiento de los principios de excepcionalidad, legalidad. necesidad, proporcionalidad, no discriminación y rendición de cuentas. En opinión de la CIDH, es fundamental también adoptar una perspectiva de derechos humanos en la seguridad ciudadana, enfoque que supone partir de que se trata de ciudadanos que hay que proteger y no de enemigos que hay que combatir.

28. A diferencia de lo realizado por el Estado venezolano, la CIDH reitera que no deben ser incorporados civiles en ningún tipo de estrategia de seguridad interna, así como tampoco debe desvirtuarse el rol de la sociedad en relación con la seguridad de la nación. El Estado debe cumplir lo anterior teniendo en cuenta el deber de actuar con debida diligencia para prevenir vulneraciones de derechos humanos. Igualmente, debe investigar y en su caso, sancionar y reparar los actos violentos que haya cometido.

Pobreza, y derechos económicos, sociales, culturales y ambientales

29. Además de una crisis política, se presenta en la actualidad en Venezuela una grave crisis económica y social, caracterizada por el desabastecimiento generalizado de alimentos, medicamentos, tratamiento, material e insumo médico, entre otros. Precisamente en 2015 se registró un alza de 180,9% en

los precios y en abril de 2016 el 80% de la población enfrentaba escasez de alimentos. Esta situación ha provocado alarmantes índices de pobreza y pobreza extrema; así como serias dificultades para el goce de los derechos económicos, sociales, culturales y ambientales de la población, tales como la alimentación, salud, educación y vivienda. El impacto ha sido mayor sobre grupos en situación de exclusión y discriminación histórica como NNA, mujeres, personas adultas mayores y pueblos indígenas.

30. Para hacer frente a esta situación, el Estado ha dictado una serie de decretos que declaran el estado de excepción y de emergencia económica. Estos han sido prorrogados sucesivamente, provocando en la práctica que las medidas contenidas en ellos sean indefinidas. Además, se han establecido medidas que amplían las facultades del Poder Ejecutivo, dentro de las cuales preocupan particularmente la militarización de actividades como la distribución de alimentos. Al respecto, la Comisión urge al Estado a intensificar medidas dirigidas a reducir la situación de pobreza y pobreza extrema, así como adoptar todas las medidas necesarias para asegurar que los recursos disponibles se utilicen prioritariamente en evitar retrocesos en el disfrute de los DESCA, asegurando el acceso de toda la población sin discriminación.

31. Como consecuencia de la grave crisis económica y social, han surgido brotes de enfermedades y otras afectaciones a la salud, en cuyo contexto resulta preocupante la escasez de medicamentos, materiales, insumos y tratamiento médico, y el impacto particular en las mujeres embarazadas, NNA, personas adultas mayores, y personas viviendo con enfermedades graves, crónicas o con el virus de inmunodeficiencia humana (VIH) y/o el síndrome de inmunodeficiencia adquirida (SIDA). Al mismo tiempo, se han incrementado las tasas de mortalidad infantil y materna, así como los casos de epidemias.

Frente a este escenario, el Estado no ha brindado, en general, un acceso a la atención médica necesaria. La Comisión reitera la necesidad de que el Estado garantice la disponibilidad y calidad de los servicios de salud, a través de personal médico capacitado, medicamentos y equipo hospitalario adecuado. En particular, deberán adoptarse medidas para combatir las altas tasas de mortalidad externa.

32. En relación con el derecho a la alimentación, se observa que en los últimos años la tasa de escasez y desabastecimiento se ha incrementado a niveles críticos. Esta situación ha tenido como consecuencia una preocupante pérdida de peso de muchas personas, problemas de desnutrición que incluso han provocado muertes y, en general, la falta de acceso a alimentos. Para hacer frente a esta situación, el Estado ha creado medidas como los Comités Locales de Abastecimiento y Producción, que son saludados por la Comisión. Sin embargo, según la información recibida, estos programas no priorizan su atención a grupos en situación de exclusión y discriminación histórica, y se han presentado denuncias sobre la aplicación de criterios discriminatorios con base en motivos políticos. El Estado debe garantizar el acceso al derecho a la alimentación, con base en criterios objetivos, y con particular énfasis en personas y poblaciones históricamente excluidas o discriminadas, como NNA, personas con discapacidad o personas adultas mayores.

33. El ejercicio del derecho a la educación también se ha visto afectado por la crisis que atraviesa el país, en especial en el caso de NNA, cuya tasa de ausentismo se ha incrementado debido a problemas en el acceso a la alimentación, el transporte y la seguridad ciudadana. Otras dificultades que han impactado en el goce de este derecho han sido los problemas con el servicio de agua y el servicio eléctrico. Al respecto, la CIDH enfatiza que el Estado debe destinar los recursos necesarios para asegurar una educación de calidad, universal, gratuita,

accesible y adaptada; y que se desarrolle en ambientes seguros, y libres de violencia y discriminación.

34. Finalmente, observa que si bien la creación de programas sociales pueden haber tenido un impacto positivo en el ejercicio del derecho a la vivienda de algunos sectores de la población, existen serias denuncias que aminoran estos avances, como la falta de formalización de los títulos de propiedad, así como las numerosas denuncias de allanamiento, destrucción e incluso incendios de viviendas en el marco de la OLP. En vista de ello, el Estado requiere adoptar medidas decididas para garantizar la seguridad jurídica de la tenencia de viviendas y abstenerse de interferir, de cualquier modo, en el derecho a la vivienda en el marco de operativos.

35. En términos generales, la CIDH llama al Estado a intensificar las medidas para reducir la situación de pobreza y pobreza extrema, y evitar impactos en el ejercicio de los DESCA, asegurando que las mismas se enfoquen en garantizar el goce pleno de estos derechos sin discriminación, generando condiciones de igualdad real. En particular, el Estado debe abstenerse de realizar cualquier acto que suponga un trato distinto por razones de opinión política en el ejercicio de estos derechos, e investigar seriamente las denuncias realizadas en este sentido. Asimismo, resulta fundamental que los recursos disponibles se utilicen de manera prioritaria en personas, grupos y colectivos que se encuentran en situación de exclusión o discriminación histórica.

Personas, grupos y colectivos en situación de mayor riesgo, y excluidas históricamente

36. Teniendo en cuenta la grave crisis económica y social que atraviesa el país, la Comisión analiza su especial impacto en los derechos humanos de personas, grupos y colectivos en situación de mayor riesgo, y discriminación y exclusión histó-

ricas de forma transversal a lo largo del informe. Con relación a las mujeres, la CIDH expresa su preocupación por los altos índices de violencia de género y trata de personas (Capítulo IV.A); el impacto específico que han tenido en ellas los planes estatales de seguridad ciudadana (Capítulo IV.B.1) y la represión de las protestas sociales (Capítulo III.A.2 y 4); así como el impacto diferenciado y más grave de la crisis económica, en particular en lo relativo a la escasez de alimentos, y el acceso a tratamientos de salud y derechos sexuales y reproductivos (Capítulo V. B y C).

37. Respecto a los NNA, la CIDH aborda en lo particular el impacto de la violencia y la inseguridad ciudadana (Capítulo IV.A), así como las afectaciones al derecho a la vida e integridad producto de planes de seguridad (Capítulo IV.B.) y la represión de protestas sociales (Capítulo III.A.2). Asimismo, expresa su preocupación por la regulación sobre NNA en conflicto con la ley penal (Capítulo IV.C) y el impacto del deterioro de la situación económica en el goce de los derechos a la alimentación, salud y educación (Capítulo V.B, C y D). La CIDH se pronuncia también sobre el impacto en personas adultas mayores de la inseguridad ciudadana (Capítulo IV.A), y del uso de la fuerza en el contexto de la represión de las protestas (Capítulo III.A.2), así como de la escasez de alimentos que se vive en el país (Capítulo V.B). Igualmente, la Comisión considera el impacto de la crisis en pueblos indígenas, en particular en los índices de desnutrición y acceso a alimentos (Capítulo V.B).

38. En relación a las personas privadas de libertad, la Comisión expresa su alarma por las denuncias de detenciones arbitrarias en el marco de las estrategias de seguridad ciudadana (Capítulo IV.B.1 y 2); las denuncias de detenciones arbitrarias de manifestantes y su posterior sometimiento a actos de tortura y tratos crueles, inhumanos y degradantes, incluyendo

violación sexual (Capítulo III.A.4); y, en particular, sobre la situación de violencia en los centros de detención y el deterioro de las condiciones carcelarias, caracterizadas por el hacinamiento, escasez de alimentos y falta de atención médica (Capítulo IV. C. V.B. y C).

39. En cuanto a la situación de defensores y defensoras de derechos humanos, la CIDH rechaza los múltiples actos de amenazas, hostigamiento y criminalización que sufren por denunciar la situación de los derechos humanos en Venezuela, así como por ejercer la representación de personas detenidas por razón de su postura política o por su participación en las manifestaciones (Capítulo III.A.3 y 4). Asimismo, la Comisión expresa su preocupación por el hostigamiento y persecución de la disidencia política en Venezuela (Capítulo II.B.2).

40. Con relación a personas migrantes, refugiados y otras en situación similar a la de los refugiados, la CIDH reitera su preocupación por el gran número de personas venezolanas que se han visto forzadas a migrar a otros países de la región en los últimos años por múltiples causas, entre las que destacan la migración forzada como mecanismo de supervivencia como consecuencia de la grave crisis situación que afecta al país, en particular a los efectos que vienen ocasionando la escasez de alimentos, medicamentos y tratamientos médicos (Capítulo V) y la violencia e inseguridad (Capítulo IV.A). Igualmente, se reconocen los esfuerzos de algunos países de la región para brindar protección a las personas migrantes venezolanas.

41. La Comisión Interamericana reitera su ofrecimiento a colaborar con el Estado, así como con la sociedad venezolana en su conjunto, a fin de dar cumplimiento efectivo a las recomendaciones contenidas en el presente informe, y contribuir así al fortalecimiento de la defensa y protección de los derechos

humanos en un contexto democrático en Venezuela. La CIDH a su vez reitera su interés y disposición de visitar el país.

[Omissis]

CONCLUSIONES

470. Desde hace varios años, la Comisión viene observando un progresivo debilitamiento de la institucionalidad democrática y la situación de derechos humanos en Venezuela que ha tenido una profundización e intensificación alarmantes en los últimos dos años y especialmente, en el 2017. La crisis que atravesó Venezuela durante este año obedece a un conjunto de factores, entre los que ocupan un lugar central las serias injerencias del Poder Ejecutivo y Judicial en el Legislativo. En efecto, la Comisión observa que tal situación está estrechamente relacionada, aunque no de forma exclusiva, a las decisiones adoptadas por el TSJ, desde 2015, que significaron importantes afectaciones en las competencias de la AN y menoscabaron el principio de separación de poderes. Las injerencias en el Órgano Legislativo condujeron hasta la alteración del orden constitucional con las Sentencias Nº 155 y 156 emitidas por el TSJ el 28 y 29 de marzo de 2017, respectivamente, que contravinieron la separación de poderes, el principio de representación popular y las competencias que la Constitución confiere a cada órgano, garantía indispensable de un régimen democrático y del Estado de Derecho.

471. Según observa la CIDH en este informe, tales decisiones se enmarcan en un contexto de falta de independencia del Poder Judicial en Venezuela. Ello ha conducido a las recientes decisiones del TSJ que, en abierta contradicción con el orden constitucional, desconocen el órgano que ejerce el Poder Legislativo en Venezuela. En efecto, la Asamblea Nacional, democráticamente elegida, ha sido seriamente impedida de

ejercer sus funciones constitucionales por parte del TSJ. En contrapartida, se ha establecido una Asamblea Nacional Constituyente, a través de un proceso electoral sumamente cuestionado y que ha dado por resultado una composición oficialista. Por su parte, el Poder Electoral es ejercido por una institución, el Consejo Nacional Electoral, que no presenta las garantías mínimas de independencia e imparcialidad. De igual manera, el Poder Ciudadano representado por la DP y la Fiscalía General, ha declinado a su mandato constitucional de servir a la ciudadanía, la libertad y la democracia.

472. La alteración del orden constitucional y el desconocimiento desde el punto de vista institucional del principio de separación de poderes, tiene consecuencias concretas en las y los habitantes de Venezuela quienes enfrentan serios obstáculos para ejercer sus derechos políticos y participar en la vida pública de la nación. La falta de independencia de las instituciones llamadas a velar para que ello sea posible, ha conducido a que el poder público que les fue concedido sirva a fines ajenos a la tarea encomendada. En opinión de la CIDH, ello se evidencia en múltiples actos a los que se refirió en este informe, como la destitución, inhabilitación, privación de libertad, e incluso afectaciones a la integridad y vida de gobernadores, alcaldes, concejales y diputados. La utilización del poder punitivo para judicializar la protesta pacífica y perseguir penalmente a disidentes políticos es otro ejemplo de esta desviación del poder.

473. A la crítica situación de la democracia y los derechos políticos, se suma una crisis socioeconómica que se ha agravado de manera alarmante en los últimos años. Se produjo a una hiperinflación; la escasez generalizada de alimentos; el desabastecimiento de medicinas, insumos y materiales médicos; así como la precariedad de servicios como la energía eléctrica. La crisis existente ha generado que quienes viven en Ve-

nezuela enfrenten dificultades inaceptables para satisfacer sus necesidades más básicas de alimentación, vivienda, salud y educación.

474. Quienes han buscado actuar para cambiar la crítica situación que vive Venezuela, han encontrado como respuesta un Estado que reprime fuertemente las manifestaciones públicas y protestas sociales, con total falta de tolerancia y respeto a los derechos humanos. Llevan a esta conclusión a la Comisión las duras medidas tomadas frente a las recientes protestas sociales donde, como ha pasado ya anteriormente, cientos de militares dominaron las calles, se utilizaron armas de fuego directamente contra ciudadanos, y se permitió y alentó el involucramiento de personas civiles en los actos de represión. La Comisión no puede dejar de reiterar su más enérgico rechazo por el resultado de esta reacción estatal: cientos de personas muertas, miles de detenidos arbitrariamente, denuncias de tortura y actos crueles, inhumanos y degradantes por agentes estatales; personas violadas sexualmente y otras tantas sometidas injustamente a tribunales penales militares. La CIDH hace un llamado para que estos actos no queden en impunidad, sino que quienes los sufrieron puedan alcanzar justicia.

475. Igualmente, se documentaron severas restricciones al derecho a la libertad de expresión en el país, que incluyen censura y cierre de medios de comunicación, ataques a periodistas, y en general patrones de hostigamiento y criminalización de quienes emiten opiniones políticas o difunden información que no encuentra aprobación estatal. Como se analiza en este informe, estas medidas no responden a un marco normativo compatible con las obligaciones internacionales adquiridas por el Estado venezolano en esta materia y en la práctica, han estado dirigidas al silenciamiento de las voces críticas del actual Gobierno. Su impacto en la democracia venezolana es evidente y merece atención prioritaria.

476. La Comisión nota que, en términos generales, los referidos actos muestran un desprecio por el Estado Democrático de Derecho, y valores consustanciales a este, como el pluralismo político, el respeto por la dignidad de la persona humana y el principio de legalidad en la actuación estatal que brinda su propia Constitución. Garantizar los derechos y libertades en una sociedad democrática requiere un orden legal e institucional en el que la ley prevalezca sobre la voluntad de los gobernantes de turno, y en el que existan controles judiciales de la constitucionalidad y legalidad de la acción del poder público. La Comisión Interamericana considera que, por más noble que sea la misión que se propone alcanzar un gobierno, debe respetar estos límites y confía en que Venezuela logrará encontrar el camino para constituirse en un Estado donde sus habitantes puedan vivir en la más amplia libertad y democracia plena. Las recomendaciones que la Comisión presenta a continuación buscan servir de guía en ese camino.

RESOLUCIÓN DEL CONSEJO PERMANENTE DE LA ORGANIZACIÓN DE ESTADOS AMERICANOS SOBRE LA SITUACIÓN DE LOS DERECHOS HUMANOS EN VENEZUELA OEA/SER.G. CP/RES. 1133 (2244/19)

28 de agosto de 2019

EL CONSEJO PERMANENTE DE LA ORGANIZACIÓN DE LOS ESTADOS AMERICANOS,

RECORDANDO que la Declaración Americana de los Derechos y Deberes del Hombre y otros instrumentos internacionales aplicables reconocen que todo ser humano tiene derecho a la vida, a la libertad y a la seguridad de su persona;

TENIENDO EN CUENTA que la Convención Americana de Derechos Humanos reconoce que toda persona tiene derecho a que se respete su integridad física, psíquica y moral, y que nadie debe ser sometido a torturas ni a penas o tratos crueles, inhumanos o degradantes, ni a detención ilegal o arbitraria;

SUBRAYANDO que toda persona tiene derecho a un nivel de vida adecuado que le asegure, así como a su familia, la salud y el bienestar, y en especial la alimentación, la asistencia médica y los servicios sociales necesarios, de conformidad con el derecho internacional de los derechos humanos aplicable;

TOMANDO EN CUENTA que la Alta Comisionada de las Naciones Unidas para los Derechos Humanos (ACNUDH) publicó un informe sobre la situación de los derechos humanos en la República Bolivariana de Venezuela, el 4 de julio de 2019, en cumplimiento del mandato contenido en la Resolución 39/1 del 3 de octubre de 2018 del Consejo de Derechos Humanos de la Organización de las Naciones Unidas, el que confirmó, por medio de documentación detallada, la comisión de graves violaciones de los derechos humanos en Venezuela; y

CONSIDERANDO que el régimen instrumentaliza las instituciones del Estado para, a través del uso excesivo de la fuerza y prácticas brutales, reprimir manifestaciones pacíficas, llevar a cabo ejecuciones extrajudiciales, detenciones arbitrarias, maltratos y torturas a opositores y a sus familiares,

RESUELVE:

1. Condenar firmemente las violaciones graves y sistemáticas de los derechos humanos en Venezuela, incluidos el uso de la tortura y la práctica de detenciones ilegales y arbitrarias, las ejecuciones extrajudiciales, las desapariciones forzadas y la negación de derechos y necesidades básicos, especialmente con relación a la salud, la alimentación y la educación.

2. Exigir la realización de una investigación independiente, exhaustiva y creíble que permita llevar a la justicia a los autores materiales e intelectuales de las violaciones de derechos humanos.

3. Reafirmar la importancia de la inmediata y plena implementación de las recomendaciones contenidas en el informe de la Alta Comisionada de las Naciones Unidas para los Derechos Humanos, que incluye investigar las violaciones de derechos humanos y cesar el uso excesivo de la fuerza, las ejecuciones extrajudiciales y la tortura.

4. Exigir el acceso inmediato y sin obstáculos de la Comisión Interamericana de Derechos Humanos a Venezuela.

5. Alentar el fortalecimiento de la cooperación entre la Comisión Interamericana de Derechos Humanos y la Oficina de la Alta Comisionada de las Naciones Unidas para los Derechos Humanos para monitorear la situación de los derechos humanos en Venezuela.

6. Encomendar al Secretario General que transmita el texto de esta Resolución al Secretario General de las Naciones Unidas.

RESOLUCIÓN DEL CONSEJO DE DERECHOS HUMANOS DE LAS NACIONES UNIDAS SOBRE LA SITUACIÓN DE DERECHOS HUMANOS EN VENEZUELA, ADOPTADOS EN LA ASAMBLEA GENERAL DE NACIONES UNIDAS EN EL 42° PERIODO DE SESIONES

27 de septiembre de 2019

Consejo de Derechos Humanos
42° período de sesiones
9 a 27 de septiembre de 2019 Tema 4 de la agenda
Situaciones de derechos humanos que requieren la atención del Consejo

Albania*, Alemania*, Argentina, Australia, Austria, Bélgica*, Brasil, Bulgaria, Canadá*, Chequia, Chile, Colombia*, Costa Rica*, Croacia, Dinamarca, Eslovenia*, Georgia*, Guatemala*, Guyana*, Honduras*, Islandia, Israel*, Liechtenstein*, Lituania*, Mónaco*, Nueva Zelandia*, Países Bajos*, Paraguay*, Perú, Reino Unido de Gran Bretaña e Irlanda del Norte: proyecto de resolución

---

* Estado no miembro del Consejo de Derechos Humanos.

42/... Situación de los derechos humanos en la República Bolivariana de Venezuela

El Consejo de Derechos Humanos,

Guiado por la Carta de las Naciones Unidas, la Declaración Universal de Derechos Humanos, los Pactos Internacionales de Derechos Humanos y otros instrumentos internacionales pertinentes de derechos humanos,

Reafirmando la responsabilidad primordial de los Estados de promover y proteger los derechos humanos y las libertades fundamentales de sus ciudadanos y de cumplir las obligaciones que les imponen los tratados y acuerdos de derechos humanos en que son partes,

Recordando su resolución 39/1, de 27 de septiembre de 2018, sobre la promoción y la protección de los derechos humanos en la República Bolivariana de Venezuela,

Recordando también que los mecanismos regionales pueden desempeñar un importante papel en la promoción y la protección de los derechos humanos y deberían reforzar las normas universales de derechos humanos enunciadas en los instrumentos internacionales pertinentes,

Subrayando que la República Bolivariana de Venezuela, en su calidad de parte en el Pacto Internacional de Derechos Civiles y Políticos y sus Protocolos Facultativos, en el Pacto Internacional de Derechos Económicos, Sociales y Culturales y su Protocolo Facultativo, en la Convención Internacional sobre la Eliminación de Todas las Formas de Discriminación Racial, en la Convención sobre la Eliminación de Todas las Formas de Discriminación contra la Mujer y su Protocolo Facultativo, en la Convención contra la Tortura y Otros Tratos o Penas Crueles, Inhumanos o Degradantes, en la Convención sobre los Derechos del Niño y sus Protocolos Facultativos relativos a la participación de niños en los conflictos armados y a la venta de niños, la prostitución infantil y la utilización de niños en la pornografía, en la Convención Internacional sobre la Protección de los Derechos de Todos los Trabajadores Migratorios y de Sus Familiares, en la Convención sobre los Derechos de las Personas con Discapacidad y su Protocolo Facultativo, y en otra serie de instrumentos multilaterales y regionales de derechos humanos, está obligada a velar por que se respeten la promoción y la protección de los derechos humanos de todas las personas que se encuentren en su territorio y estén sujetas a su jurisdicción,

Expresando gran preocupación por la alarmante situación de los derechos humanos en la República Bolivariana de Venezuela, que está marcada por pautas de violaciones que afectan de forma directa e indirecta a todos los derechos humanos –civiles, políticos, económicos, sociales y culturales– en el contexto de la actual crisis política, económica, social y humanitaria, como se indica en los informes de la Alta Comisionada de las Naciones Unidas para los Derechos Humanos y de otras organizaciones internacionales,

Expresando alarma por la erosión del estado de derecho en la República Bolivariana de Venezuela,

Expresando profunda preocupación por las diversas violaciones, relacionadas entre sí, de los derechos económicos y sociales en la República Bolivariana de Venezuela, en particular los derechos a una alimentación adecuada y al más alto nivel posible de salud física y mental, violaciones que incluyen episodios de gran escasez de alimentos, medicamentos y vacunas,

Expresando especial preocupación por los efectos desproporcionados de la crisis en los derechos de las mujeres y los niños, y en particular en los de las niñas, los pueblos indígenas y otros grupos vulnerables,

Expresando profunda preocupación porque más de 4 millones de personas se han visto obligadas a abandonar la República Bolivariana de Venezuela y porque en el Plan de Respuesta Humanitaria para Venezuela de 2019 se fija en 7 millones el número de personas necesitadas, como consecuencia, entre otras cosas, de las violaciones de los derechos a la alimentación y la salud, la violencia y la inseguridad, el desmoronamiento de los servicios básicos, el deterioro del sistema educativo, la falta de acceso a la atención médica prenatal y posnatal y la insuficiencia de los mecanismos de protección frente a la violencia y la persecución por motivos políticos,

Acogiendo con beneplácito los esfuerzos de los países vecinos y otros países de la región por acoger a los migrantes, refugiados y solicitantes de asilo venezolanos, y reconociendo las consecuencias socioeconómicas del enorme número de venezolanos que están entrando en esos países,

Acogiendo con beneplácito también la asistencia humanitaria prestada por las Naciones Unidas y otros organismos humanitarios, así como la publicación del primer Plan de Respuesta Humanitaria para Venezuela,

Reconociendo los constantes esfuerzos de defensores de los derechos humanos, periodistas, profesionales sanitarios, políticos, funcionarios y otros miembros de la sociedad civil de la República Bolivariana de Venezuela por poner de manifiesto y documentar las violaciones y transgresiones del derecho internacional de los derechos humanos,

Acogiendo con beneplácito la misión llevada a cabo del 11 al 22 de marzo de 2019 por la Oficina del Alto Comisionado de las Naciones Unidas para los Derechos Humanos a fin de preparar la visita de la Alta Comisionada a la República Bolivariana de Venezuela, que tuvo lugar del 19 al 21 de junio de 2019, y los compromisos resultantes, en particular con respecto al establecimiento de una presencia permanente de la Oficina en el país, y acogiendo con beneplácito también la presencia de funcionarios de la Oficina en la República Bolivariana de Venezuela de junio a julio de 2019 y a partir del 1 de septiembre de 2019,

Acogiendo con beneplácito también los diálogos en curso entre la Alta Comisionada y las autoridades venezolanas, e instando a estas a que cumplan los compromisos contraídos con la Alta Comisionada, en particular el de recibir una presencia permanente de la Oficina del Alto Comisionado en el país, permitirle que realice labores de monitoreo y cooperación en todo el territorio y concederle acceso a los lugares de detención,

Haciendo notar con aprecio la labor de la Organización de los Estados Americanos, la Comisión Interamericana de Derechos Humanos y la Corte Interamericana de Derechos Humanos en aras de la promoción y la protección de los derechos humanos en la República Bolivariana de Venezuela,

Teniendo presente que la Fiscal de la Corte Penal Internacional ha decidido iniciar un examen preliminar de la situación en Venezuela para analizar los crímenes presuntamente cometidos en ese Estado parte desde, por lo menos, abril de 2017 en el contexto de las manifestaciones y los disturbios políticos conexos, y recordando que la República Bolivariana de Venezuela es un Estado parte en el Estatuto de Roma de la Corte Penal Internacional,

Consciente de la recomendación dirigida por la Alta Comisionada al Consejo de Derechos Humanos, en el informe sobre la situación de los derechos humanos en la República Bolivariana de Venezuela, de que se centrara en garantizar la prevención, la investigación, la lucha contra la impunidad, la rendición de cuentas, las reparaciones y las garantías de no repetición de las violaciones y transgresiones de los derechos humanos en la República Bolivariana de Venezuela,

Afirmando su firme convicción de que solo puede haber una solución pacífica y democrática a la actual crisis de la República Bolivariana de Venezuela, que incumbe a los venezolanos, sin ningún tipo de injerencia extranjera en el plano militar, de seguridad o de inteligencia, y de que esa solución pasa por la celebración de elecciones presidenciales libres, limpias, transparentes y creíbles de conformidad con las normas internacionales, y expresando apoyo a las gestiones diplomáticas pertinentes al respecto,

1. *Acoge con beneplácito* el informe de la Alta Comisionada de las Naciones Unidas para los Derechos Humanos sobre la situación de los derechos humanos en la República Bolivariana de Venezuela[1], y solicita a la Alta Comisionada que lo presente a la Asamblea General en su septuagésimo cuarto período de sesiones;

2. *Condena enérgicamente* todas las violaciones y transgresiones del derecho internacional de los derechos humanos cometidas en la República Bolivariana de Venezuela e insta a las autoridades venezolanas a que sigan enteramente y de inmediato las recomendaciones que figuran en el informe de la Alta Comisionada y cumplan los compromisos contraídos durante la visita de esta;

3. *Condena enérgicamente* los actos generalizados de represión y persecución selectivas por motivos políticos en la República Bolivariana de Venezuela, que incluyen casos de

---

1 A/HRC/41/18.

uso excesivo de la fuerza contra manifestantes pacíficos y durante operaciones de las fuerzas de seguridad, detenciones arbitrarias, torturas, malos tratos, ejecuciones extrajudiciales y desapariciones forzadas por parte de órganos de seguridad como las Fuerzas de Acciones Especiales y de grupos armados civiles favorables al Gobierno;

4. *Expresa gran preocupación* por el hecho de que por lo menos 6.000 personas hayan resultado muertas desde enero de 2018 en la República Bolivariana de Venezuela en el marco de operaciones de las fuerzas de seguridad y de que, según la información analizada por la Alta Comisionada, muchas de esas muertes puedan constituir ejecuciones extrajudiciales;

5. *Deplora* los abusos sistemáticos cometidos contra las instituciones del Estado de la República Bolivariana de Venezuela, que aceleran la erosión del estado de derecho y de instituciones democráticas como la Asamblea Nacional, en particular violando su independencia, privando a miembros de la Asamblea de su inmunidad parlamentaria y deteniéndolos arbitrariamente, así como sometiendo a sus familiares a arrestos arbitrarios, torturas, malos tratos, amenazas de muerte y actos de vigilancia, amedrentamiento y acoso;

6. *Insta* a las autoridades venezolanas a que pongan de inmediato en libertad a todos los presos políticos y a todas las demás personas privadas arbitrariamente de libertad, y con urgencia a las 27 personas detenidas y señaladas como casos prioritarios por la Alta Comisionada en el informe oral que presentó al Consejo de Derechos Humanos en su actual período de sesiones; realicen investigaciones prontas, eficaces, completas, independientes, imparciales y transparentes de todas las violaciones de los derechos humanos; detengan, condenen públicamente, sancionen y prevengan todos los actos de persecución y represión selectivas por motivos políti-

cos; pongan fin al uso excesivo de la fuerza durante las manifestaciones y lo prevengan; y adopten medidas eficaces para proteger a los defensores de los derechos humanos y los profesionales de los medios de comunicación;

7. *Condena* la clausura de decenas de medios impresos, el cierre de emisoras de radio, la prohibición de canales de televisión y el bloqueo habitual de plataformas de medios sociales, así como la detención de periodistas y el arresto arbitrario de personas por expresar su opinión en los medios sociales;

8. *Deplora* la denegación sistemática de los derechos de las víctimas de violaciones de los derechos humanos en la República Bolivariana de Venezuela a la verdad, la justicia y la reparación, así como el hecho de que la impunidad haya permitido que las violaciones se repitan, haya envalentonado a los autores y haya marginado a las víctimas, y al respecto exhorta a las autoridades venezolanas a que adopten medidas eficaces para restaurar la independencia del sistema de justicia y garantizar la imparcialidad del ministerio público y la Defensoría del Pueblo;

9. *Expresa gran preocupación* por la grave crisis económica y social de la República Bolivariana de Venezuela, que ha tenido hondas repercusiones en el derecho al disfrute del más alto nivel posible de salud física y mental y en el derecho a un nivel de vida adecuado, incluido el derecho a una alimentación adecuada, como consecuencia del desmoronamiento de los servicios públicos;

10. *Expresa profunda preocupación* por el hecho de que el principal programa de asistencia alimentaria no atienda las necesidades nutricionales básicas de la población y de que en la República Bolivariana de Venezuela padezcan malnutrición por lo menos 3,7 millones de personas;

11. *Expresa además preocupación* por la escasez generalizada de vacunas, medicamentos y tratamientos y la falta de acceso a los mismos, y por el deterioro de las condiciones en los hospitales, los dispensarios y las maternidades, lo cual es motivo, entre otros problemas, de que reaparezcan enfermedades controladas y eliminadas, entre ellas enfermedades prevenibles mediante vacunación, y de que aumente el riesgo de contraer el VIH y otras infecciones de transmisión sexual;

12. *Insta* a las autoridades venezolanas a que adopten todas las medidas necesarias para garantizar la disponibilidad y accesibilidad de los alimentos, el agua, los medicamentos esenciales y los servicios de salud para todas las personas que tienen necesidad de ellos, entre otros medios, instaurando programas integrales de atención sanitaria preventiva, con especial atención a los servicios pediátricos y maternos, e insta a las autoridades venezolanas a que acepten toda la asistencia humanitaria necesaria que se les facilite de conformidad con los principios humanitarios internacionales;

13. *Condena enérgicamente* la discriminación por motivos políticos en el acceso a la asistencia alimentaria y a otros programas sociales, sufrida por venezolanos que cada vez dependen más de estos mecanismos para acceder a un nivel mínimo de ingresos y alimentos, y pide que todos los programas sociales se ejecuten a favor de quienes los necesitan de forma transparente, no politizada y no discriminatoria;

14. *Expresa gran preocupación* por el impacto desproporcionado y diferenciado que tiene la crisis de la República Bolivariana de Venezuela en los derechos humanos de las mujeres y las niñas, la falta de servicios sanitarios integrales y el suministro insuficiente de los elementos subyacentes que determinan la salud, como el agua y una nutrición adecuada, el deterioro de los programas de inmunización y atención sanita-

ria preventiva y los testimonios de un incremento de las tasas de mortalidad materna, embarazo en la adolescencia, malnutrición y enfermedades prevenibles;

15. *Insta* a las autoridades venezolanas a que adopten las medidas apropiadas para hacer frente a los actos denunciados de violencia y acoso y de violencia sexual contra mujeres y niñas privadas de libertad en la República Bolivariana de Venezuela, actos que incluyen, según los testimonios recogidos, abusos físicos, sexuales y verbales, amenazas e intimidaciones, la explotación sexual de las mujeres y las niñas a cambio de alimentos, protección y privilegios, y los malos tratos, los actos de tortura y la denegación de derechos sufridos en centros de detención por defensoras de los derechos humanos, enfermeras, docentes, funcionarias, presas políticas y reclusas;

16. *Subraya con gran preocupación* que la crisis de la República Bolivariana de Venezuela también tiene un efecto desproporcionado y diferenciado en los derechos humanos de los pueblos indígenas, en particular en su derecho a un nivel de vida adecuado, con inclusión de sus derechos a la alimentación y a la salud, y en sus derechos colectivos como pueblos indígenas, en concreto los derechos con respecto a sus tierras, territorios y recursos ancestrales;

17. *Condena enérgicamente* la violación de diversos derechos individuales y colectivos de los pueblos indígenas, en particular en la región del Arco Minero del Orinoco, con métodos que incluyen el uso excesivo de la fuerza, ejecuciones extrajudiciales, malos tratos, desplazamientos forzados y violaciones de sus derechos a mantener sus costumbres, sus formas tradicionales de vida y una relación espiritual con su tierra;

18. *Deplora* que los venezolanos en movimiento encuentren obstáculos en la República Bolivariana de Venezuela para obtener o legalizar sus documentos y que quienes salen del

país o vuelven a entrar en él sean, con frecuencia, víctimas de extorsiones y requisiciones;

19. *Insta* a la comunidad internacional a que siga prestando apoyo y lo intensifique para que los Estados anfitriones puedan responder a las necesidades crecientes de los venezolanos en movimiento, en particular las necesidades específicas de las mujeres, los niños, las personas mayores, las personas con discapacidad y los pueblos indígenas;

20. *Alienta* a los titulares de los procedimientos especiales temáticos pertinentes a que, en el marco de sus respectivos mandatos, presten especial atención a la situación de los derechos humanos en la República Bolivariana de Venezuela;

21. *Alienta* a las autoridades venezolanas a que cooperen con los mencionados titulares de mandatos, especialmente en el contexto del compromiso contraído con la Alta Comisionada de recibir a diez procedimientos especiales en los dos próximos años, en particular al Grupo de Trabajo sobre las Desapariciones Forzadas o Involuntarias, el Relator Especial sobre la independencia de los magistrados y abogados, la Relatora Especial sobre las ejecuciones extrajudiciales, sumarias o arbitrarias, el Grupo de Trabajo sobre la Detención Arbitraria, la Relatora Especial sobre el derecho a la alimentación, el Relator Especial sobre el derecho de toda persona al disfrute del más alto nivel posible de salud física y mental, el Relator Especial sobre la tortura y otros tratos o penas crueles, inhumanos o degradantes y la Relatora Especial sobre los derechos de los pueblos indígenas;

22. *Solicita* a la Alta Comisionada que siga monitoreando la situación de los derechos humanos en la República Bolivariana de Venezuela e informando al respecto, en particular presentando informes orales al Consejo de Derechos Humanos en sus períodos de sesiones 43° y 45°, que prepare un informe

escrito completo sobre la situación de los derechos humanos en la República Bolivariana de Venezuela, dedicado en especial a la independencia del sistema judicial y el acceso a la justicia, también para obtener reparación por las violaciones de los derechos económicos y sociales, y a la situación de los derechos humanos en la región del Arco Minero del Orinoco, y que presente el informe al Consejo en su 44° período de sesiones, tras lo cual se celebrará un diálogo interactivo;

23. *Invita* a la Alta Comisionada a que, antes de que finalice 2019, presente a los Estados miembros y observadores del Consejo de Derechos Humanos un informe oral sobre la situación de los derechos humanos en la República Bolivariana de Venezuela según las modalidades establecidas por el Consejo, de conformidad con la resolución 5/1 del Consejo, de 18 de junio de 2007;

24. *Decide* establecer, por un período de un año, una misión internacional independiente de determinación de los hechos, cuyos miembros serán designados por el Presidente del Consejo de Derechos Humanos, y enviar urgentemente esa misión a la República Bolivariana de Venezuela para que investigue las ejecuciones extrajudiciales, las desapariciones forzadas, las detenciones arbitrarias y las torturas y otros tratos crueles, inhumanos o degradantes cometidos desde 2014, con miras a asegurar la plena rendición de cuentas de los autores y la justicia para las víctimas, y solicita a la misión que presente un informe con sus conclusiones al Consejo durante un diálogo interactivo que se celebrará en su 45° período de sesiones;

25. *Insta* a las autoridades venezolanas a que cooperen plenamente con la misión de determinación de los hechos, le brinden acceso inmediato, completo y sin trabas a todo el territorio del país, así como a las víctimas y los lugares de deten-

ción, y le faciliten toda la información necesaria para el desempeño de su mandato;

26. *Solicita* que la misión de determinación de los hechos entre en funcionamiento de inmediato, y solicita también que se proporcionen a la Oficina del Alto Comisionado todos los recursos necesarios para desempeñar el mandato;

27. *Decide* seguir ocupándose activamente de la cuestión y considerar la posibilidad de adoptar nuevas medidas, como establecer una comisión de investigación si la situación sigue deteriorándose o si las autoridades venezolanas no cooperan seriamente con la Oficina del Alto Comisionado;

28. *Insta* a las autoridades venezolanas a que colaboren con el sistema de derechos humanos de las Naciones Unidas, en particular presentando a los órganos de tratados los informes atrasados y cooperando con la Oficina del Alto Comisionado y los mecanismos del Consejo de Derechos Humanos, entre otras cosas, mediante el cumplimiento íntegro y oportuno de todos los compromisos contraídos durante la visita de la Alta Comisionada, en particular el de permitir que la Oficina del Alto Comisionado mantenga una presencia en el país y conceder a su personal sobre el terreno y al de la sede un acceso íntegro, ilimitado y no supervisado, y el de velar por que todas las personas tengan un acceso ilimitado a las Naciones Unidas y a otras entidades de derechos humanos y puedan comunicarse con ellas sin temor a sufrir represalias, intimidaciones o agresiones;

29. *Alienta* a la Comisión Interamericana de Derechos Humanos y al Consejo de Derechos Humanos y sus mecanismos a que fortalezcan su cooperación a fin de monitorear la situación de los derechos humanos en la República Bolivariana de Venezuela;

30. *Exhorta* a la República Bolivariana de Venezuela a que coopere plenamente con todos los mecanismos regionales dedicados a la promoción y la protección de los derechos humanos y a que conceda un acceso libre, completo y sin trabas a la Comisión Interamericana de Derechos Humanos.

ÍNDICE GENERAL

www.ingramcontent.com/pod-product-compliance
Lightning Source LLC
LaVergne TN
LVHW040439051026
849517LV00002B/674
* 9 7 8 9 8 0 3 6 5 4 7 0 2 *